中国古代建筑知识普及与传承系列丛书

SUMMER PALACE

北京古建筑五书

北京颐和园

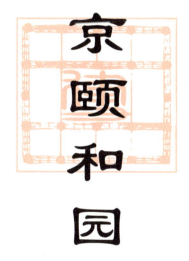

贾珺 著

清华大学出版社

北京

版权所有，侵权必究。举报：010-62782989，beiqinquan@tup.tsinghua.edu.cn。

图书在版编目（CIP）数据

北京颐和园 / 贾珺著 . —北京：清华大学出版社，2009（2023.11重印）
（中国古代建筑知识普及与传承系列丛书 . 北京古建筑五书）
ISBN 978-7-302-19773-7

Ⅰ . 北… Ⅱ . 贾… Ⅲ . 颐和园—简介 Ⅳ . K928.73

中国版本图书馆 CIP 数据核字（2009）第 041573 号

责任编辑：徐　颖　袁功勇
装帧设计：彩奇风
责任校对：王凤芝
责任印制：杨　艳

出版发行：清华大学出版社
　　　　　网　　址：http://www.tup.com.cn,　http://www.wqbook.com
　　　　　地　　址：北京清华大学学研大厦 A 座　　邮　编：100084
　　　　　社总机：010-83470000　　邮　购：010-62786544
　　　　　投稿与读者服务：010-62776969，c-service@tup.tsinghua.edu.cn
　　　　　质量反馈：010-62772015，zhiliang@tup.tsinghua.edu.cn
印装者：涿州市般润文化传播有限公司
经　销：全国新华书店
开　本：170mm×230mm　　印　张：19.75　　字　数：268 千字
版　次：2009 年 5 月第 1 版　　印　次：2023 年 11 月第 10 次印刷
定　价：99.00 元

产品编号：031578-04

献给关注中国古代建筑文化的人们

策划：华润雪花啤酒（中国）有限公司
统筹：清华大学建筑学院
主持：王　群　朱文一
执行：王贵祥　王向东
资助：华润雪花啤酒（中国）有限公司
　　　清华大学建筑学院

参赞
（按姓氏笔画排名）
王宁　包志禹　白昭熹　刘刚　刘旭　刘辉
戎筱　闫东　佟磊　吴一凡　吴浩　宋莹莹　孙闯
张远堂　李仪录　李忐　李倩怡　李新钰　辛惠园　张志磊
陈迟　欧阳烨恬　赵雯雯　袁琳　郭继政　郭雪
梅静　廖慧农　谭舒月　黎冬青

总序一

2008年年初,我们总算和清华大学完成了谈判,召开了一个小小的新闻发布会。面对一脸茫然的记者和不着边际的提问,我心里想,和清华大学的这项合作,真是很有必要。

在"大国"、"崛起"甚嚣尘上的背后,中国人不乏智慧、不乏决心、不乏激情,甚至不乏财力。但关键的是,我们缺少一点"独立性",不论是我们的"产品",还是我们的"思想"。没有"独立性",就不会有"独特性";没有"独特性",连"识别"都无法建立。

我们最独特的东西,就是自己的文化了。学术界有一句话:"建筑是一个民族文化的结晶。"梁先生说得稍客气一些:"雄峙已数百年的古建筑,充沛艺术趣味的街市,为一民族文化之显著表现者。"当然我是在"断章取义",把逗号改成了句号。这句话的结尾是:"亦常在'改善'的旗帜之下完全牺牲。"

我们的初衷,是想为中国古建筑知识的普及做一点事情。通过专家给大众写书的方式,使中国古建筑知识得以普及和传承。当我们开始行动时,由我们自己的无知产生了两个惊奇:一是在这片天地里,有这么多的前辈和新秀在努力和富有成果地工作着;二是这个领域的研究经费是如此的窘迫,令我们瞠目结舌。

希望"中国古代建筑知识普及与传承系列丛书"的出版,能为中国古建筑知识的普及贡献一点力量;能让从事中国古建筑研究的前辈、新秀们的研究成果得到更多的宣扬;能为读者了解和认识中国古建筑提供一点工具;能为我们的"独立性"添砖加瓦。

王 群
华润雪花啤酒(中国)有限公司总经理
2009年1月1日于北京

总序二

2008年的一天，王贵祥教授告知有一项大合作正在谈判之中。华润雪花啤酒（中国）有限公司准备资助清华开展中国建筑研究与普及，资助总经费达1000万元之巨！这对于像中国传统建筑研究这样的纯理论领域而言，无异于天文数字。身为院长的我不敢怠慢，随即跟着王教授奔赴雪花总部，在公司的大会议室见到了王群总经理。他留给我的印象是慈眉善目，始终面带微笑。

从知道这项合作那天起，我就一直在琢磨一个问题：中国传统建筑还能与源自西方的啤酒产生关联？王总的微笑似乎给出了答案：建筑与啤酒之间似乎并无关联，但在雪花与清华联手之后，情况将会发生改变，中国传统建筑研究领域将会带有雪花啤酒深深的印记。

其后不久，签约仪式在清华大学隆重举行，我有机会再次见到王总。有一个场景令我记忆至今，王总在象征合作的揭幕牌上按下印章后，发现印上的墨色较浅，当即遗憾地一声叹息。我刹那间感悟到王总的性格。这是一位做事一丝不苟、追求完美的人。

对自己有严格要求的人，代表的是一个锐意进取的企业。这样一个企业，必然对合作者有同样严格的要求。而他的合作者也是这样的一个集体。清华大学建筑学院建筑历史研究所，这个不大的集体，其背后的积累却可以一直追溯到80年前，在爱国志士朱启钤先生资助下创办的"中国营造学社"。60年前，梁思成先生把这份事业带到清华，第一次系统地写出了中国人自己的建筑史。而今天，在王贵祥教授和他的年长或年轻的同事们，以及整个建筑史界的同仁们的辛勤耕耘下，中国传统建筑研究领域硕果累累。又一股强大的力量！强强联合一定能出精品！

王群总经理与王贵祥教授，企业家与建筑家十指紧扣，成就了一次企业与文化的成功联姻，一次企业与教育的无间合作。今天这次联手，一定能开创中国传统建筑研究与普及的新局面！

朱文一
清华大学建筑学院院长
2009年1月22日凌晨于清华园

前言

北京是一座拥有三千多年建城史的古都，历代兴废更替之间，无数的宫殿、坛庙、园林、寺观、市肆也随之经历了多次的盛衰轮回，而园林作为一种富有特殊魅力的景观建筑，每次都像烟花一样在泛黄的历史画卷中发出璀璨的光芒，成为北京文化不可或缺的重要组成部分。

北京最早关于园林的历史记载是战国时期的燕昭王在蓟城建造的离宫黄金台，随后在不同的朝代中，作为北方的名都大邑，北京地区不时出现诸侯苑囿、督帅府园、私家庭园、寺庙园林以及郊野名胜，成为城市重要的点缀。辽代北京地区名为幽州，被定为陪都南京，辽主在城郊陆续兴建了很多离宫苑囿，并经常来此游幸。金代改幽州为中都，首次成为正式的王朝都城，皇家园林建设空前繁盛，城内外御苑遍布，私家园林的数量也有所增加。元代在中都东北方向新建大都城，城市中心地带引入大片水面，并环水布置宫殿，另在城内和四郊大力兴建皇家园林，一些蒙古、色目贵族以及汉族官僚也纷纷创立私家园林，掀起新的高潮。明代续建紫禁城御花园、西苑三海和南苑，而私家园林、寺庙园林和公共风景园林的数量大大超过前代，盛况空前。

清廷入关之后，继续沿用明代的都城、宫殿和坛庙，把主要的力量投入皇家园林的兴建，使得有清一代的御苑达到鼎盛的程度。到了乾隆时期，京城内有大内御苑和西苑，南郊有南苑，西北郊更是成为皇家苑囿最集中的区域，其中包含圆明园、畅春园、清漪园、静明园、静宜园等近十座大型御苑，统称为"三山五园"，再加上热河避暑山庄、蓟县盘山行宫以及南巡、东巡、北狩路线上的大量行宫御苑，形成极为壮观的园林风景线。许多王公大臣和文人商贾也纷纷仿效，在京城内外修建了几百座私家园林，寺庙园林、公共风景园林则延续了明代的盛况,彼此辉映,堪称中国园林史上举足轻重的一个篇章。可惜经过近代的列强入侵、政局动荡和内战破坏之后,北京的园林体系遭到很大的摧残,因此劫后仅存的一些园林遗产就显得更加弥足珍贵。

在清代所有的皇家园林中,颐和园是造园艺术成就最高的一座,也是目前北京西北郊唯一保存完整的御苑,被誉为中国古典皇家园林的传世绝响。颐和园的前身清漪园始建于乾隆十五年(1750年),以西北郊的万寿山和昆明湖的自然山水为依托,又以杭州西湖为蓝本进行了大规模的整治改造,在此基础上吸取了很多传统造园的经典手法,兴建了大量的宫殿、楼台、亭榭,并叠山引水,栽种花木,营造出一个山清水秀、楼台华丽、如诗如画的名园胜景,是几千年以来中国古典园林艺术最杰出的范例之一(题图)。

咸丰十年(1860年),清漪园与圆明园等其他御苑一起遭到英法联军的焚掠,大部分沦为废墟。光绪年间,贪图苑囿之乐的慈禧太后不惜挪用海军军费大肆重建,并更名为颐和园,在此长期居住理政。这座园林由此经历了从清代最繁华的乾隆盛世逐渐衰败、遭遇大劫又回光返照的全部过程,尤其见证了晚清戊戌变法、庚子之乱直到清室退位的所有重大事件,承载着丰富的历史信息,令后人无限感慨。

1949年以后,颐和园的山水楼台经过多次重修,再现了美丽祥和的景致,成为北京一大名胜,并于1998年被联合国教科文组织列入世界文化遗产名录,日益得到全世界的欣赏和关注。

本书在清华大学建筑学院长期的研究成果的基础上,作了若干进一步的调查和分析,以通俗而不失专业水准的笔触对颐和园及其前身清漪园的历史、山水格局、造园思想、重点景致分别作了比较详细的介绍,希望能够引起读者更多的兴趣。▲

目录

楔子：颐和园概貌 /2

上篇：清漪篇 /4

壹·清漪园的建造过程与历史背景 /7
乾隆上谕 /8
瓮山西湖 /10
清漪园记 /12
筑园动机 /16
宏大工程 /20

贰·清漪园的整体山水架构 /23
西湖情结 /24
湖山改造 /26
西堤六桥 /28
钱塘余韵 /34
衔山抱水 /36

叁·清漪园宫廷区与前山建筑 /41
勤政乐寿 /42
悠悠长廊 /44
大报恩寺 /50
高阁耸立 /56
琉璃世界 /66
画中畅游 /70

肆·清漪园的前湖与后山后河风光 /77
昆明湖上 /78

　　　　　　　海上仙山　/80

　　　　　　　曲溪通幽　/94

　　　　　　　后山小景　/100

　　　　　　　水街集市　/106

　　　　　　　须弥灵境　/116

　　　　　　　七彩宝塔　/130

伍·清漪园的造园意境/135

　　　　　　　移天缩地　/136

　　　　　　　假山堆叠　/142

　　　　　　　巍巍城关　/150

　　　　　　　花木栽培　/156

　　　　　　　外围借景　/168

　　　　　　　象征寓意　/174

　　　　　　　水陆游线　/178

下篇：颐和篇/182

陆·颐和园重建过程与历史背景/185

　　　　　　　御苑沧桑　/186

　　　　　　　万寿献礼　/188

　　　　　　　恢复改建　/192

　　　　　　　巧匠杰构　/194

　　　　　　　戊戌庚子　/198

柒·颐和园的帝后生活空间/203

　　　　　　　仁寿大殿　/204

　　　　　　　玉澜宜芸　/214

　　　　　　　太后寝宫　/220

  等级差异 /230
  大小戏楼 /232

捌·颐和园的名胜景区 /243

  景福益寿 /244
  金殿排云 /248
  明湖滉漾 /258
  清晏石舫 /264
  小园谐趣 /268

结语 /286
参考书目 /288
致谢 /289
插图目录 /290

楔子 颐和园概貌

颐和园位于北京西北郊,是清代建造的一座大型皇家园林,东距圆明园不远,西邻玉泉山。全园占地面积大约295公顷,在东、北两面设有宫门,其中东宫门是整座园林的正门。园内景致主要围绕万寿山和昆明湖展开,是清代御苑中把天然山水和人工创造巧妙融合的最佳范例。

从整体上看,颐和园全园可以分成宫廷区、前山区、前湖区和后山后河区四个部分(图0-01)。

宫廷区(图0-02)位于万寿山东南侧的平地上,由相对独立的若干殿堂院落组成,紧邻东宫门,其中包括正殿仁寿殿(其前身是清漪园的勤政殿)以及乐寿堂、玉澜堂、宜芸馆等几组比较规整的居住院落,北侧还设有德和园大戏楼。

前山景区(图0-03)主要指万寿山的南坡,山脚下最南一侧沿着昆明湖的湖岸设置一条漫长的长廊,从东向西伸展,是世界上最长的一条画廊。山中央建有一组宏伟的建筑,主要由排云殿和佛香阁、智慧海组成(其前身为清漪园大报恩延寿寺),由南到北形成一条庄严的中轴线,其中高大巍峨的佛香阁成为全园的核心标志建筑,登临其上可以俯瞰昆明湖的浩渺烟波乃至整个西北郊的山水风光。山坡西侧还有听鹂馆、画中游等著名景点,西南角的水岸边则建有一座

(图0-01)颐和园现状分区平面图

大型石舫。

前湖指位于万寿山之南的昆明湖的大片湖面（图0-04）。湖面十分辽阔，以长堤划分成几个大小不同的水域，其中最主要的是一条西堤，堤间以六座桥梁串连一体。水面上模仿海上三仙山修筑了南湖岛、藻鉴堂和治镜阁三座大岛。南湖岛距离昆明湖东岸很近，用一道长长的十七孔桥连接湖岸。乾隆时期的三岛上分别建有一座楼阁，光绪时期的重建没有恢复。除了这三座大岛，湖东侧南北两端还各有一座小岛，分别名叫凤凰墩和知春亭岛。

后山后河景区（图0-05）指万寿山的北坡以及山脚与北宫墙之间所夹的一条后溪河。这一带山水紧密相连，空间狭长而幽远，与前山、前湖的开敞辽阔形成鲜明的对比。后山的中央部分建有一座藏式风格的佛寺须弥灵境，其核心建筑名叫香严宗印之阁，水边还设有模仿苏州水肆的买卖街以及云会寺等建筑。在后山的东侧建有一座谐趣园（前身为清漪园的惠山园），是一处模仿无锡寄畅园的园中之园。

这四个部分的空间各有特色：宫廷区以平地建筑院落为主，规整严谨；前山区以平缓的山坡和大型楼阁、殿堂取胜，巍峨华丽；前湖区以大片水面和长堤、岛屿、桥梁为主，疏朗澄明；后山后河区以曲溪、山崖和体量较小的寺院、小园林以及各种零散的厅堂亭榭为主，展现的是蜿蜒深远的意境。同时四个部分又能有机地串联为和谐的整体，共同以山水、楼台和花木演绎出一组无比美丽的风景名胜。▲

（图0-02）颐和园宫廷区鸟瞰
（图0-03）颐和园前山景区鸟瞰
（图0-04）颐和园前湖景区鸟瞰
（图0-05）颐和园后山后河景区鸟瞰

清漪篇

上篇

壹 清漪园的建造过程与历史背景

乾隆皇帝看中了北京西郊最优越的一个山水地段，悄悄地开始打造自己心目中最理想的皇家御苑。这是怎样的一片地段？皇帝为什么宁可自食其言也要建造这座新园？整个清漪园工程有多大规模？且看本章分解。

乾隆上谕

一道上谕泄露出的天机：大清王朝即将增添一座新的大型御苑。

  大清乾隆十五年，即公元1750年，是一个灰色的年份。年初到年终，全国从南到北有很多地方都发生了自然灾害，水灾、旱灾、雹灾，全赶上了。三十九岁的乾隆皇帝弘历（图1-01）频繁应付救灾工作之余，还两次抽空陪伴皇太后钮祜禄氏出京巡幸，一次是去五台山进香，另一次是去拜谒东西皇陵，大概有请求菩萨和祖宗保佑一下的意思。可是灾害依然不断，年底的时候西藏又发生叛乱，简直是祸不单行。幸亏名将岳钟琪迅速平乱，并擒获逆首卓呢罗布藏扎什，算是为这一年画上了一笔亮色。不过就算没有这个好消息，相信乾隆帝的心情也不会太糟，因为一项筹划已久的大型园林工程已于当年悄悄开工，皇帝苦心期盼的一片湖山胜景正在慢慢地由蓝图变成现实，足以抵消其他所有的不快。

  这一年的三月，乾隆帝从五台山回朝后，接连下了几道重要的圣旨，主要是分别免去安徽、湖北、山东等受灾地区的赋税，还有一道则是嘉奖抚慰正式退休回乡的三朝老臣张廷玉。就在同月的十三日，皇帝还颁布了一条似乎与军国大事毫无关系的上谕：把北京西北郊的瓮山改名叫"万寿山"，把瓮山旁边的西湖改称"昆明湖"。这条上谕悄悄地透露出一个讯息：救灾工作如火如荼进行的同时，皇帝心爱的行宫园林也在紧锣密鼓的兴建之中。▲

(图1-01)乾隆帝画像

瓮山西湖

瓮山和西湖是北京西北郊最优美的自然山水。

北京西北郊山峦起伏，属于太行山的支脉，自古被称作"神京右臂"，其中凸起许多山峰，附近又有很多湖泊泉水，林木茂密，风光十分秀丽（图1-02）。瓮山就是其中的一座小山峰，山形比较平缓，有点像大坛子，因此被称为瓮山；另一个说法是有一位老翁曾经在此挖到过一个大瓮，因而得名。山的南面地势低洼，汇集了周围的泉水溪流，形成了一大片湖面，就叫瓮山泊。这一带在元朝以前并不为人所知，名气远远比不上西边相邻的玉泉山和香山。元朝建都北京（当时叫大都），曾在著名科学家郭守敬的主持下修筑大规模的水系，完善了首都地区的供水系统和水上运输设施，瓮山泊成为其中一个重要的

（图1-02）乾隆帝汉装行乐图（宫廷画家描绘了穿着汉族古装的乾隆皇帝身处一片宜人的园林美景之中）

环节，以天然的湖泊兼具蓄水库的功能，也因此得到更多的关注，逐渐成为游览胜地，后来又慢慢地在湖滨和山脚出现了一些寺庙和园林，为自然风光增色不少。其中最出名的是一座大承天护圣寺，元朝皇帝经常来此游玩并住在寺中，另外元代名臣耶律楚材的墓园也建在这里。

明朝的时候瓮山泊改名西湖，水面种植荷花、蒲苇，湖边构筑了堤坝，周围还开辟了广阔的水田，被当时的文人誉为"北国江南"。

（图1-03）乾隆帝清漪园西堤御制诗碑刻
（这是一首描绘清漪园西堤的诗作，原碑现存在昆明湖东岸）

环湖增添了一些新的寺院和园林，特别是明神宗的乳母罗氏捐资在山南坡新建了一座圆静寺，东临莹莹稻田，西对柔柔碧波，北倚幽幽瓮山，景致不凡。春秋之季，瓮山、西湖一带游人如织，逐渐成为北京最著名的郊游胜地，暮春四月的时候还举办游湖盛会，几乎可以和盛唐时期长安的曲江池相媲美了。（图1-03）

清朝初年，瓮山、西湖周围的寺庙、园林一度有些荒废，但很快就重新振兴起来，依然很受游人青睐。来自江苏苏州的一个名叫沈德潜的官员曾写过一首《西湖堤散步》诗，诗中说："闲游宛似苏堤畔"，已经直接把这座北京西湖与号称"人间天堂"的杭州西湖相提并论。

乾隆十五年（1750年）正在大兴土木的皇家园林正是以瓮山和西湖为核心的大型苑囿，为此在三月十三日皇帝特意下旨，正式把山和湖改名叫"万寿山"和"昆明湖"。▲

清漪园记

乾隆皇帝在亲笔所写的园记中承认自己违背了不再建造园林的诺言。

  清朝的皇帝虽然是满族人,却大多拥有两个相当高雅的爱好:一个是游赏园林;另一个是写诗作文。这两点恰好与前朝的大明天子们形成很鲜明的对比,因为明代的多数皇帝都喜欢长年累月足不出户地躲在深宫中,无心于泉石风光,并且普遍对文学缺乏兴趣。

  清代皇帝兴建园林苑囿和热衷文学创作的传统都是从康熙帝开始的。康熙帝玄烨是中国历史上一个很了不起的皇帝,年纪轻轻就平定三藩、收复台湾、统一西藏,同时又大力发展经济、文化,开启了一个政治稳定、经济繁荣、文化昌盛的新时代。康熙中叶,天下逐渐安定,康熙帝开始在北京西北郊的香山和玉泉山分别修建行宫花园,随后又利用明代外戚的清华园旧址修建了大型离宫畅春园,康熙四十二年(1703年)开始在热河修筑避暑山庄。同时很多王公大臣也纷纷在畅春园周围营建自己的别墅园林,例如雍正帝继位前的封爵是雍亲王,他的西郊花园名叫圆明园,就位于畅春园的北面。等雍正帝正式登上皇位后,就把这座圆明园大肆扩建,形成了一座新的大型离宫,而且长期在此处理政务和居住生活。康熙帝和雍正帝都有诗文集传世,其中有很大的篇幅都在描绘这些皇家园林的美丽景色。

乾隆帝完全继承了祖父和父亲爱好园林与文学的传统。一方面，康熙、雍正两朝开创的所有皇家园林都在乾隆时期得到新的扩建和改建：畅春园整修之后改为太后专用行宫，香山行宫扩建为静宜园，玉泉山行宫扩建为静明园，避暑山庄增添了新的三十六景，圆明园中插建了许多新的景区。另一方面，乾隆帝又在圆明园周围新开辟了长春园、绮春园、熙春园、春熙院等四座附属花园，并利用其他旧园基址改建乐善园、泉宗庙等园林。乾隆初年的时候北京西北郊已经形成了丰富多彩的皇家园林体系，蔚为大观。

乾隆帝对文学的兴趣丝毫不亚于他对园林的喜好，他身后留下的《高宗御制诗集》和《高宗御制文集》卷帙浩繁，字数远远超出其他清代皇帝诗文作品的总和。有学者统计过，他一生写的诗就有四万首之多，也超过了《全唐诗》所收诗篇的总量。同样，这些诗文中有一大半都以皇家园林为主题，表明清帝的文学爱好其实与园林爱好是密切相关的。

除了书法和文学，乾隆帝对绘画也颇为喜爱，并且能够亲自挥毫作画（图1-04）。长期的艺术熏陶使得皇帝具备了很高的园林鉴赏能力，也成为乾隆时期皇家园林鼎盛的重要原因。

在乾隆帝洋洋洒洒的无数宸翰御笔之中，有两篇关于园林的文章比较有意思，很值得对照着读一读。

乾隆九年（1744年），乾隆帝初步完成了圆明园的扩建工程，亲自确定了"圆明园四十景"的名称，志得意满之余，写了一篇《圆明园后记》（之所以叫"后记"是因为他父亲雍正帝以前已经写过一篇《圆明园记》），夸耀圆明园规模宏敞、丘壑幽深、草木清佳、楼殿巍峨，实在已经达到皇家园林的极致境界。更重要的是，乾隆帝在文章中声明自己从此之后就不再修建新的御苑了，同时也告诫后世子孙应该满足于已有的这份遗产而不要再耗费民力另建其他园林。想必当年这篇宏文颁布之后一定引

（图1-04）乾隆帝书画作品（乾隆与宫廷画家合作的《三阳开泰图》）

起了热烈的喝彩，朝野上下无不称颂皇上圣明，体恤民力。

可是仅仅过去六年光景，新的园林工程又启动了，而且是在灾害频发的时期。乾隆帝虽然贵为天子，一言九鼎，但这种明目张胆的出尔反尔、自打耳光的行为到底也有些不大光彩。于是，等到万寿山工程接近完工的乾隆二十六年（1761年），乾隆帝又精心炮制出一篇《万寿山清漪园记》，在文章中为自己作了辩白，说自己对昆明湖进行开挖整治主要是为了"治水"，进一步完善西北郊的水系，等到工程告竣后发现"既具湖山之胜概，能无亭台之点缀乎"？意思是说这里的湖山风光实在太美了，因此忍不住要建点亭台楼阁点缀一下。在此乾隆帝把违背诺言的原因归结于"全是风景惹的祸"，大概自己也觉得难以自圆其说，只好反问解嘲说："难道这样就不算食言了吗？说是因为治水，可是又有谁信啊？"强词夺理之余，乾隆帝毕竟还是承认这次举动与自己以前的言论有所违背，不能不有愧于心，于是又郑重声明这座新园林的经费都出自"内帑"，也就是皇帝的内库私房钱，所有的工匠差役的工资也都从内库开销，没有动用国库资金，更没有征召徭役；同时还说新园林的建筑朴素，花钱不多。似乎如此一来，并没有耗费多少民力，不算过分之举。文章最后还不忘强调一句，说自己每次来新园游玩都只是玩上午半天，中午就回，从来不在此住宿，暗示君主不会因为留恋湖山美景而玩物丧志，以此望臣民们能够谅解他。▲

筑园动机

从治水到训练水军,再到为皇太后祝寿,乾隆帝找出了很多造园的理由,但最根本的理由是为了实现他心目中真正的理想园林。

作为九五之尊的封建帝王,能够为自己修筑苑囿之事写文章辩解,甚至还有点自我检讨的意思,说明乾隆帝比起同样热衷于大建宫苑却又死不认错的商纣王、秦始皇、隋炀帝来说,还算是开明的。他的辩白也并非全是说谎,修筑新园确实与治水工程有一定关系。

清代中期的北京越来越繁华，人口数量也不断扩张。经过康、雍两朝和乾隆初期的经营，北京西北郊的皇家园林日渐鼎盛，私家园林也不断增多。这种兴旺的景象带来一个负面的问题，就是耗水量大增，元代建立的水系不能完全满足供水需求。此外瓮山西湖的堤坝年久失修，经常溃塌，导致周围的农田被淹，甚至威胁附近皇家园林的安全。因此从乾隆十四年（1749年）冬天开始，朝廷对西北郊的水系开展了大规模的整治工程，一方面疏通更多的泉眼和水道以广泛开源；另一方面则加挖西湖以形成容量更大的蓄水库，并增筑堤坝和水闸，使得整个水系焕然一新，不但可以满足京师用水之需，更进一步形成通畅的水上交通线路，还能促进周围地区发展出更多的优质水田。新园林的建设正是在这次治水的背景下展开的，也算是与水利工程成功结合的风景建筑典范。（图1-05）

然而，乾隆帝在文章中声称自己只是在治水之后才被动地修筑亭台以作点缀，这明显是托辞。事实上在治水、挖湖的同时，已经开始对瓮山的山形进行修整，并在山南麓修建大报恩延寿寺，可见乾隆帝在动工治水之时早已有修建园林建筑的通盘计划，绝非事后找补之举。

修筑新园另有两个直接的原因。一是乾隆十六年（1751年）正逢乾隆帝的母亲皇太后钮祜禄氏六十大寿，需要提前在此修建一座大型佛寺为太后祝寿，这组佛寺后来成为新园的主体建筑；二是乾隆帝想把西湖的水面扩大以作水军训练基地。

山、湖更名，正与这两个原因相呼应。瓮山改名万寿山，是为了强调为太后祝寿的含义；西湖改名昆明湖，更是大有典故可寻。原来早在一千八百多年前的汉朝，汉武帝为了讨伐西南蛮夷昆明国，曾经将长安附近的皇家苑囿上林苑中的湖泊定名为昆明池，以模仿昆明国的滇池，并在其中训练水军备战。乾隆帝借用这个旧名，正是表明此湖与当年的昆明池一样，"兼寓习武之意"。

乾隆帝宁可食言也要在瓮山、西湖重启宏大的新园工程，最根本的原因在于这里确实是北京西北郊山水条件最好的一块地方。乾隆初年，西北郊的皇家园林已经形成了比较完整的体系，但是所有已建园林的自然地形条件都不如瓮山、西湖。畅春园和圆明园都建在平地上，水景很丰富，山景则以人工堆叠的土山为主，高度有限，无法与真正的山峦相比；香山静宜园基本是旱地园林，很少水景；玉泉山静明园倒是山水兼具，可是水面比较小，难以形成壮观的江湖气魄。相比之下，唯有瓮山、西湖一带既有完整的山形，又有辽阔的湖面，西面的西山诸峰在其外围构成极好的远景层次，东面则距离皇室长期居住的圆明园很近，往来极其方便，堪称是整个西北郊地区无与伦比的最佳地段，所以乾隆帝后来写诗赞美道："何处燕山最畅情，无双风月属昆明。"显然他也很得意自己独具慧眼，发现了这处最富有秀色的湖山基地。还有一点很重要，那就是这块地方不像其他皇家园林那样已经经过前任皇帝的大规模建设，基本上还是一片处女地，可以完全由乾隆帝本人来主导策划，营造一个全新的皇家园林。▲

宏大工程

历时十五年、耗费数百万两白银的大型工程为清代皇家园林体系增添了浓墨重彩的一笔。

到了乾隆十六年（1751年），万寿山工程进展顺利，可是全国的受灾情况有进一步恶化的趋势，依旧灾情不断，有些地方又出现了新的潮灾和虫灾。除了继续布置救灾、免税、放赈之外，这一年朝廷还有两件大事，一件自然是为皇太后举办六旬万寿盛典，另一件是从当年元月开始，乾隆帝与太后等皇室成员带着庞大的随行团队首次巡游江南，沿途官员士绅迎送不绝，铺金砌玉，竭尽豪华之能事。也就在这一年，皇帝正式把万寿山的新园林定名为"清漪园"，大概是为了形容园中昆明湖水的清澈明净。

乾隆十九年（1754年），清漪园工程已经完成了五分之四，共建成八十二处风景建筑；之后工程仍在继续，一直到乾隆二十九年（1764年）才宣告正式完工。当时内务府负责施工的官员最后呈报了土木工程的经费决算书，共计白银四百四十八万二千八百五十一两九钱五分三厘。这个庞大的数字还不包括材料的折价费、大臣上缴的罚款、广东海关报效的银两等等，如果再加上地形改造、栽花种树、打造船只以及所有建筑室内的家具、陈设，整个工程的花费可能是一个天文数字。乾隆帝在《万寿山清漪园记》中说造园的钱来自皇家"内库"而非国库，暗示自己没有额外耗费国力和民力。但他忘了，皇家内库的私房钱也同样来自民脂民膏，如此巨额的享乐挥霍与当时正在发生的严重灾情形成鲜明的对照。好在正值"乾隆盛世",朝廷并不缺钱,这次造园没有引起朝野很大的非议,也没有官员敢追究皇帝食言的过失。

新园林建成了,按照惯例设置了清漪园总理园务大臣,负责日常所有的管理、维护事项,在总管以下还设了若干总领官员,下辖二百多名园户、工匠长年在园内承担各种养花、修缮工作,另有护军负责外围的安全保卫任务。

至此前后历时十五年,一座山清水秀、楼台巍峨的大型园林终于在北京西北郊万寿山崛起,并与香山静宜园、玉泉山静明园合称为"三山行宫"。这三座园林从东向西形成明显的轴线关系,又以东南面的长河和北面的水道及圆明园、畅春园以及西直门外的乐善园相连通,共同组成了更加完整的御苑系统,标志着清代的皇家园林达到空前绝后的极盛之境。(图1-06)▲

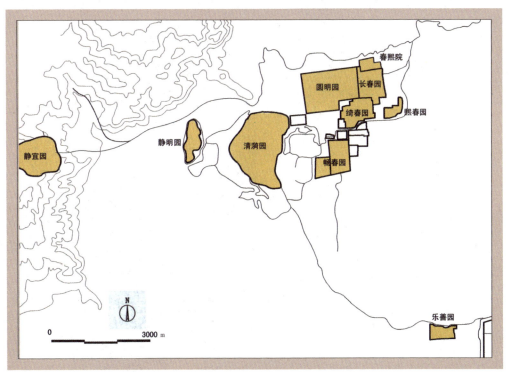

(图1-06)乾隆时期北京西北郊皇家园林分布图

贰 清漪园的整体山水架构

乾隆帝在造园工程中,以杭州西湖的山水环境为蓝本,首先对原有的山形和水体进行了大规模的改造。工程中如何巧妙地实现了阴阳平衡?最终完成的清漪园与杭州西湖的相似程度有多高?西堤与苏堤是怎样的关系?且看本章分解。

西湖情结

乾隆皇帝深居京师宫禁，却对江南的西湖最为钟爱。

　　清漪园以万寿山和昆明湖为依托，整个山水形态逼真地模仿了杭州西湖的风貌。

　　中国自古就有"上有天堂，下有苏杭"的说法。杭州最重要的风景胜地全在西湖一带，唐代以来文人题咏西湖风光的诗词文章多不胜数，堪称天下最著名的美景（图2-01）。西湖以苏堤春晓、柳浪闻莺、花港观鱼、曲院风荷、双峰插云、雷峰夕照、三潭印月、平湖秋月、南屏晚钟、断桥残雪十种景致为代表，号称"西湖十景"（图2-02），不但世代有诗文传唱，而且经常被刻画在瓷器、屏风、画片等各种工艺品上，几乎家喻户晓。清代康、雍、乾三位皇帝都对西湖情有独钟。康熙帝六次南巡，每次都要亲临西湖游赏，并于康熙三十八年（1699年）亲笔为西湖十景题名，

（图2-01）杭州西湖风光

康熙四十一年（1702年）又下旨在各景点勒石立碑。雍正帝在位期间没有南巡，但继位前曾经以皇子身份陪伴父皇到过杭州，也领略过西湖的湖光山色，因此后来扩建圆明园的时候就特意增添了一个"平湖秋月"景区，以求在局部模仿西湖胜景。

比起祖父和父亲，乾隆帝的西湖情结更加浓厚。他一生中六次南巡，不但每次都要造访杭州西湖，而且连续六次为西湖十景一一题诗。乾隆帝继位之后就陆续在各大皇家园林中大肆仿建杭

（图2-02）清代杭州西湖十景平面图

州西湖的各处景致，例如在圆明园中就先后兴建了模仿西湖小有天园、龙井、花神庙等名胜的景点，甚至还把园中另外九处景点也按照西湖十景来一一命名，凑成十景之全数。但以上这些模仿都是局部行为，有的只是借用西湖之名而已，远未让乾隆帝感到尽兴。唯有在清漪园的建设中，乾隆帝才真正有机会完整打造出一片与杭州西湖形神皆似的山水景观。

实际上在清漪园开始建造的乾隆十五年（1750年），乾隆帝本人还没有到过杭州，也没有亲眼见过西湖美景。但他肯定对西湖向往已久，就在这一年还为画家董邦达所绘的一幅《西湖图》题写了一首长诗，赞美西湖风光"晴光两色无不宜"，感叹北方的皇家园林中没有这样出色的山水景致。在此乾隆帝已经隐约透露出将在新园建设中更加彻底地模仿杭州西湖的企图。之后在清漪园施工的十五年间，乾隆帝分别于乾隆十六年（1751年）、乾隆二十二年（1757年）和乾隆二十七年（1762年）完成了前三次南巡，每次均亲临杭州，在西湖湖畔流连忘返，进一步对杭州西湖有了直接的观感，题写了大量诗篇，无疑对正在进行中的清漪园的仿建工程也会有更多的促进作用。▲

湖山改造

为了追求与杭州西湖形神皆似的效果,清漪园通过挖湖和填山使得水面更宽阔,山形更壮伟。

　　北宋著名词人柳永写过一首《望海潮》描绘杭州西湖,其中以"重湖叠巘清佳"六字来总结西湖美景的主要特征。所谓"重湖",就是指西湖不但水面曲折,而且通过长堤划分,形成了外湖、里湖、岳湖等几重区域;"叠巘"就是"山峦重叠"的意思,因为西湖北岸有一座孤山,南岸有南屏山,西侧则有层叠起伏的群山作为屏障,山水相依,景观层次十分丰富。

　　巧合的是,清漪园北有万寿山,南有昆明湖,西面更有西山诸峰可以借景,本身的地形环境就与杭州西湖有几分相似,成为模仿西湖风光的良好基础。但即便如此,清漪园的山峰脉络和水面形态仍然与杭州西湖存在很大差异,要想做到高度的相似,就必须进行大规模的地形改造。

　　万寿山本身的山体比较低矮,也不够延展;昆明湖的水面大致为东南斜向的狭长形状,山与水的关系有些疏离。为了克服这一缺陷,湖山整治工程充分与治水工程相结合,湖面向东、向北大大拓展,一直抵达万寿山的南坡,挖出来的土方正好堆在山的东半部,又在很大程度上改善了山的形状。如此一举两得,不但湖更宽阔、山更壮伟,而且实现了土方的阴阳平衡，反映出中国古代施工的杰出智慧（图2-03）。

杭州西湖中有几个大小不同的岛屿成为重要的点缀。清漪园在挖湖堆山的同时，也特意在水面上保留了三个大岛和两个小岛，同样成为水面上的景观焦点。▲

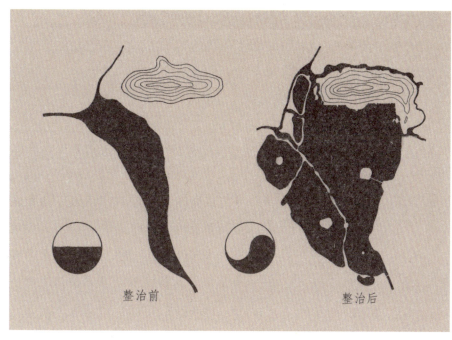

（图2-03）清漪园万寿山与昆明湖改造前后对比

西堤六桥

杭州西湖有苏堤,清漪园有西堤,二者均以六桥串联,南北遥相呼应。

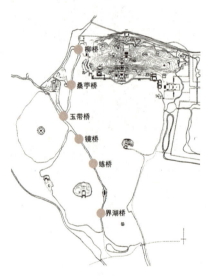

(图2-04)清漪园西堤六桥位置示意图

对山形和湖形作了大幅度改造之后,清漪园更在湖面西侧增添了一道几乎与西湖苏堤一模一样的西堤,也把昆明湖划分成"里湖"和"外湖",而且又加了一道支堤,进一步把外湖分为两个部分。这样昆明湖就和杭州西湖一样,变成内外几层的"重湖"了。

杭州西湖的苏堤为北宋大文学家苏东坡担任杭州太守时所筑,纵贯全湖,长达2.8公里,堤上设有六座桥,两岸垂柳夹道,花草相间,是西湖最有代表性的景观,因此"苏堤春晓"也成为西湖十景之首。清漪园昆明湖中所建的西堤位置、走向均与苏堤相同,而且同样在堤上筑有六桥以作串联(图2-04,图2-05)。

苏堤六桥分别名叫映波桥、锁澜

(图2-05）杭州西湖苏堤春晓

(图2-06）清漪园西堤风光

桥、望山桥、压堤桥、东浦桥和跨虹桥，虽然长度、跨度各不相同，但造型均是清一色的石拱桥，如长虹卧波一般依次横跨在水上。清漪园西堤这六座桥的名称由南至北分别叫界湖桥、练桥、镜桥、玉带桥、桑苎桥、柳桥（图2-06）。光绪时期重建颐和园，练桥、镜桥、玉带桥仍保留原名，将界湖桥与柳桥之名互换，桑苎桥改名为豳风桥。其中玉带桥和柳桥（即现存的界湖桥）为石拱桥，造型类似苏堤六桥，其余四桥都是亭桥，桥上分别建了4种不同造型的亭子，如镜桥上是一座重檐攒尖顶六角亭（图2-07），练桥是一座重檐攒尖顶方亭（图2-08），界湖桥（即现存的柳桥）上建有一座重檐歇山顶方亭（图2-09），桑苎桥（即现存的豳风桥）（图2-10）上则建了一座重檐歇山顶的长方形亭榭。亭桥本是扬州瘦西湖的一大特色，杭州西湖

（图2-07）镜桥

（图2-08）练桥立面图

(图2-09)界湖桥（后改名柳桥）

(图2-10)桑苎桥（后改名豳风桥）

(图2-11)柳桥（后改名界湖桥）

较少设置,清漪园中却建有数量较多的亭桥,表现出对江南名胜兼收并蓄的创作意图。两座石拱桥的造型也不一样,柳桥(即现存的界湖桥)采用方形石拱(图2-11),玉带桥则采用形如玉带的半圆形拱(图2-12),体现出微妙的变化。

整体而言,西堤六桥的造型比苏堤六桥更复杂一些,二者的细部并不相同,但乾隆帝在诗中仍一再声称"六桥原不异西湖",强调这西堤六桥与苏堤六桥的亲缘关系,甚至有一次坐船从玉带桥下过,还作诗自我嘲说:"荡桨过来忽失笑,笑斯着相学西湖。"意思是自己如此卖力地模仿西湖,未免有点太露骨了。不过语气中透露出的仍然是一种得意的神情。▲

(图2-12)玉带桥

钱塘余韵

清漪园仿佛是杭州西湖的孪生姐妹,从整体到局部都再现了钱塘风光。

　　清漪园以杭州西湖为蓝本,在原有真山真水的基础上进行了精心的整形改造,最终完成的主体格局几乎可以与杭州西湖一一对应。昆明湖虽然尺度略小于西湖,但二者平面轮廓基本一致;西堤和苏堤一样均呈

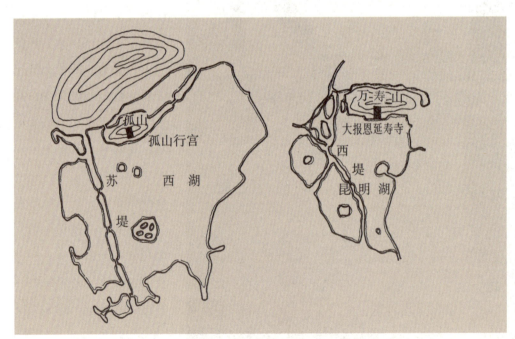

(图2-13)杭州西湖与清漪园平面比较(湖面形状、山体形态、长堤走向、核心建筑位置乃至外围环境都高度相似)

东南—西北方向布置，而且都建有六座石桥；万寿山与孤山一样都位于湖北岸，万寿山中部位置的大报恩延寿寺也与孤山中部的康熙行宫一样居于主导地位；而清漪园以西的玉泉山、香山等山峰也如同西湖西侧的群山一样，成为可以凭眺的远景；万寿山山北有一湾曲折狭长的后河，也正相对于孤山北面的里湖。二者对照，几如孪生姐妹。如此高度相似的大规模仿建，也是清代皇家园林中绝无仅有的一个例子（图2-13）。

乾隆帝不但在清漪园的整体格局上对杭州西湖进行模拟，还忍不住在三个局部继续仿建杭州的名胜。一处是万寿山西南位置的长岛，仿西湖孤山的西泠定名为"小西泠"，其景致同时又参照扬州瘦西湖的四桥烟雨；一处在昆明湖的西南角，建有一座睇佳榭，仿照的是西湖丁家山的蕉石鸣琴；还有一处就在大报恩延寿寺的北面借鉴杭州六和塔修建一座九级宝塔，可惜后来宝塔没有建成就发生坍塌。为此乾隆帝还作过一首名为《志过》的诗，诗中写道："延寿仿六和，将成自颓堕。"并怀疑塔塌的根本原因就是因为自己大兴土木而遭到上天惩罚。

尽管少了一座形似六和塔的建筑，清漪园依然不失为杭州西湖的最佳翻版，充满了钱塘余韵，每次游览都能让乾隆皇帝感觉自己仿佛重新回到了烟花春雨中的杭州西湖，因此一再在诗中感叹说："分明胜概西湖上"、"乍因缀景忆西湖"、"湖光设若拟西子"、"西子风光想象中。"显然，在这里皇帝的西湖情结得到了最大的宣泄和满足。▲

衔山抱水

清漪园的山形水系犹如一幅精妙的太极图。

清漪园的地形经过人工塑造之后，不但与杭州西湖的山水格局更为近似，同时也形成了"衔山抱水"的特殊形态。万寿山东部被加高后，还特意向南拐出一段，好像要把水面兜住；昆明湖由西向北延伸，又在万寿山的后山开辟出一条狭长的后溪河，把整个山峰环抱在水中。同时，后山脚下的独立的惠山园中留有一片水池，而湖面上则留有几个岛屿，如此一来，山和水融合得非常紧密，不但彼此互相咬合，而且还做到"你中有我，我中有你"。如果把陆地看做是"阳"，水面看做是"阴"，再仔细琢磨一下清漪园的平面图，会觉得这种水陆交错的图形很像是太极图的一个变体（图2-14）。中国古典园林有一个传统，就是喜欢凑足一定数量的景名以形成八景、十景之类的全套，很多名胜风景区也常常有类似的设置。清代皇家园林尤其重视这种成套的景点

（图2-14）清漪园的阴阳拓扑关系分析图

(图2-15)乾隆时清漪园总平面图

系统,比如圆明园有四十景,静宜园有二十八景,避暑山庄有前后三十六景,如此等等。为此鲁迅先生曾经在《再论雷峰塔的倒掉》一文中说过:"我们中国的许多人……大抵患有一种'十景病',至少是'八景病',沉重起来的时候大概在清朝。"乾隆帝很可能是最有"十景癖"的一位皇帝,特别喜欢在皇家园林中大题"八景"、"十景"、"三十六景"乃至"四十景"。不过清漪园算是一个例外,既没有像其他皇家园林那样分出三十六景或四十景,也没有沿用其原型杭州西湖的十景。整个清漪园并非圆明园那种由很多松散的景区组成的集锦式花园,而更像是一部首尾连贯、情节紧凑的大戏,包含前奏、铺垫、转折、高潮、结束,从始至终承转起合,一气呵成,令人叹为观止。

不过,从整体布局的角度看,仍然可以把清漪园分成四个大的组成部分:宫廷区、前山区、前湖区以及后山后河区。这四个部分衔接得很紧密,前山与前湖尤其表现出互相依托的局面,但彼此又分别显示出不同的独特意境。这种布局方式也被后来重建的颐和园完全继承，我们今天仍然可以充分领略到这种山水与楼台和谐共生的美妙景象（图2-15）。

万寿山东西长1000米，南北最宽处有120米，山高60米左右，从南北方向看比较陡峭，从东西方向看则显得比较平缓。园中最重要的建筑群大报恩延寿寺就位于前山中央，山坡和湖北岸还分布着很多大大小小的亭台楼榭，是清漪园最核心的区域（图2-16）。前山建筑密度虽然比较大，但与山林背景很好地融合在一起，各自所占的比例很恰当。乾隆帝曾经有一首诗说道："金山屋包山，焦山山包屋。包屋未免俭，包山未免俗。……山包屋亦包，丰啬适兼足。"这首诗表达了他对山地景观建筑与自然山体的辩正关系的看法，大概意思是说镇江的金山上建筑密度很大，房屋把整个山都包住了，所以叫"屋包山"；而同样在镇江的另一座名山焦山的建筑密度则很小，山林完全把房屋淹没了，所以叫"山包屋"。乾隆帝指出"山包屋"显得太寒酸，而"屋包山"又显得太俗气，最好是建筑与山各占一定比例，彼此相得益彰，互相融合，才达到最佳效果。应该说这个看法是很高明的，万寿山建筑群正是出色地处理了"屋包山"与"山包屋"

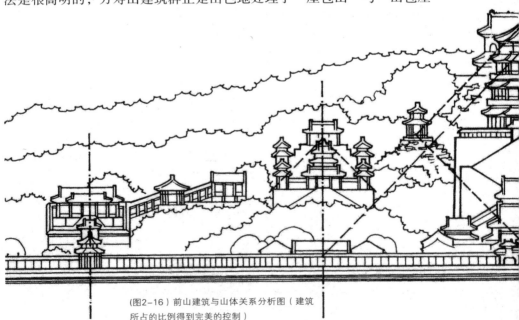

(图2-16) 前山建筑与山体关系分析图（建筑所占的比例得到完美的控制）

的矛盾，景色明显胜过金山和焦山。

清漪园全园面积达到295公顷，在所有皇家园林中仅次于避暑山庄，其中昆明湖的水面就达到227公顷，超过整体面积的70%。这么大的湖面在清代皇家园林中排名第一位，无与伦比。湖南北最长处有1930米，东西最宽处有1600米，西北和东南两端收缩，分别与通向后河的水道以及来自西直门方向的长河相连。湖中景致疏朗，除了模仿杭州苏堤的西堤之外，西北部另有一片相对独立的狭长水域。大湖被长堤划分为里湖、北外湖、南外湖三个部分，每片水面都筑了一个大岛，分别名叫南湖岛、藻鉴堂和治镜阁，里湖靠近东岸还筑有南北两个小岛。

后山后河指万寿山的北坡以及紧邻的曲折溪河，二者密不可分，完全融合为一体。后山的坡度比前山要缓和一些，其中还隐藏着两条山涧，分别叫东、西桃花沟，流入后溪河之中。这一带沿着山坡和河岸设置寺院、河街和一些小园林，景色深幽，与前山的宏伟和前湖的壮阔形成极其鲜明的对比。▲

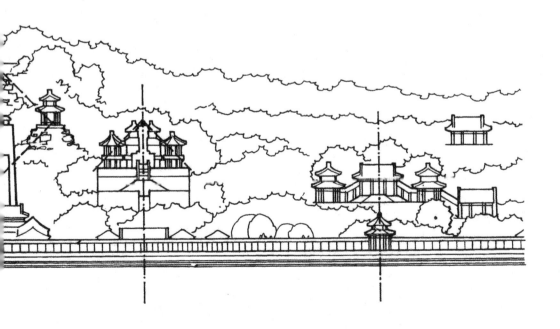

叁 清漪园宫廷区与前山建筑

清漪园的主要建筑集中于宫廷区和前山地区,包括华丽的殿堂、蜿蜒的长廊、巍峨的楼阁、灵巧的亭榭、高大的关隘和精致的石舫。清漪园的正宫门外为什么朝东开设?长廊到底有多长?乾隆帝为什么拆除已经完成大半的宝塔而改建佛香阁?佛香阁的造型有什么奥妙?且看本章分解。

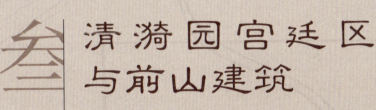

勤政乐寿

乾隆帝分别用"勤政"和"乐寿"作为清漪园正殿和寝殿的名字,表达了自己对工作和生活的基本态度。

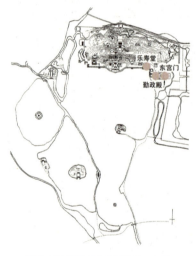

(图3-01)清漪园宫廷区位置示意图

清代皇家园林大多在靠近园林宫门的地方设置一片宫廷区,作为长期或临时办公、居住的场所。这种宫廷区一般都由几组比较规整的殿堂组成,与格局的其他景区风格有些不同,仿佛是紫禁城具体而微的一个缩影。

清漪园在乾隆时期只是三山行宫之一,并非清帝长期居住的宫殿,而且距离最重要的离宫圆明园很近,因此乾隆帝一般来清漪园游玩后都会当天就回圆明园或者接着去静明园,从来没有在此住宿过,也很少在此处理政务和接见大臣。但清漪园仍然设有独立的宫廷区,而且也和紫禁城一样分为外朝和内寝两个部分。

宫廷区位于万寿山东南侧的平地上

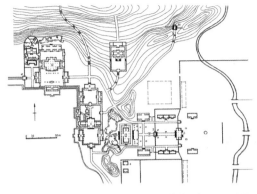

（图3-02）清漪园宫廷区平面图

（图3-01～图3-02），正门东宫门面朝东方而不像其他皇家园林那样朝南设置宫门，成为清代御苑的唯一特例。如此处理的主要目的就是为了正对从东而来的御道，直通圆明园，以方便皇帝往来游观。门外设有两座南北相对的朝房，由此向西依次经过东宫门和二宫门，就来到行宫正殿勤政殿，院子的南北两侧各设了一座配殿，形成了外朝部分的大致格局。清朝皇家园林中有不少殿宇都起名叫"勤政殿"，为的是提醒皇帝在游山玩水之余，更要勤于政事，不要忘记国家大事。

勤政殿以西为内寝区域，有乐寿堂、玉澜堂、宜芸馆等大型四合院，其中玉澜堂是临时办公、进膳的地方，宜芸馆是书斋，而乐寿堂则按寝宫进行布置，在所有的殿堂中规模最大，与紫禁城宁寿宫的乐寿堂形制很相似，乾隆帝一度打算把这个殿堂作为未来自己退位当太上皇的居住场所之一，但实际上并没有真的在这里住过。

外朝号称"勤政"，内寝以"乐寿"为题，代表了乾隆皇帝对工作和生活的两大基本态度，倒也值得今人欣赏。▲

悠悠长廊

颐和园长廊是一条变幻风景的路线，也是一条缀满故事的画廊。

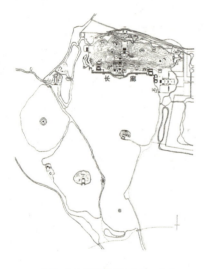

（图3-03）清漪园长廊位置示意图

长廊位于昆明湖的北岸（图3-03），现状完全按照清漪园时期的旧貌重建（图3-04），就像一条长长的飘带，镶嵌在山水之间。长廊以东部乐寿堂西侧的邀月门为起点（图3-05），向西一直延伸到西部的石丈亭，共273间，全长达到728米。这是中国古典园林中最长的一段廊子，1990年被载入《吉尼斯世界纪录》。廊子中间依次点缀着留佳（图3-06）、寄澜（图3-07）、秋水、清遥四座亭子，象征一年四季，好像是飘带上的四个纽扣，成为长长路线上的分节停顿点，同时这些亭子的内部梁架也富有华丽的装饰（图3-08），引人驻足观赏。为了进一步避免单调的感觉，长廊东西两段是笔直的，靠近万寿山中央

(图3-04) 弯曲的长廊

(图3-05)邀月门(邀月门是一座精美的垂花门)

（图3-06）留佳亭

（图3-07）寄澜亭

（图3-08）寄澜亭内装饰

（图3-09）从对鸥舫看昆明湖上岛屿

（图3-10）长廊的景框效果

位置的一段则变成弯曲的弧线，显得非常灵活。长廊的东西部还建有两座水榭向南延伸至湖岸边缘，一座是"对鸥舫"（图3-09），另一座叫"鱼藻轩"，体现出与湖水的亲密关系。

廊子作为一种辅助性的建筑，在园林中的功能很多。既可以串联游线，又可以起到围合、分隔的作用。由于廊子内部都是架空的，具有半遮半透的特殊效果，最适合形成一个景框（图3-10），并成为过渡性的景观层次。从昆明湖往北岸看，在万寿山前的空地上依次设有一排汉白玉栏杆、两排柏树和一

（图3-11）昆明湖岸边的景观层次（白色的汉白玉栏杆，高耸的柏树和五彩斑斓的长廊组成虚实互换的三个景观层次）

（图3-13）长廊彩画《白蛇传》　　（图3-14）长廊彩画《鲁智深倒拔垂杨柳》

排长廊,虚虚实实,变化微妙(图3-11)。

　　清漪园长廊最出名的是其中有14000多幅彩画(图3-12～图3-14)。这种彩画形式叫做"苏式彩画",一般是在梁枋上画一个接近半圆形的轮廓,称作"包袱",主要的画面就画在"包袱"中,描绘的大多是民间传说、神话故事、历史人物、戏剧场景、山水风光、花鸟鱼虫等等,内容包罗万象,色彩艳丽,最富有民俗气息。这组美妙的连环画卷堪称生动的中国历史文化教科书,与周围的山水相映生辉。▲

(图3-12)长廊彩画

大报恩寺

清漪园最核心的建筑是一组大型佛寺,高居万寿山的山腰上,恍如瑶台。

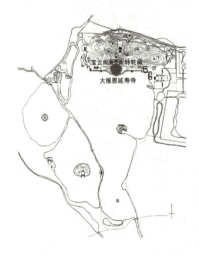

(图3-15)清漪园大报恩延寿寺位置示意图

大报恩延寿寺位于万寿山中央位置(图3-15),是清漪园最核心的景观建筑,同时也是一座很完整的山地佛寺(图3-16)。这组建筑由南至北按照不同的高度形成一级一级的台地,一共具有五个不同的高度,总高差达到60米,从山下逐渐升高到山上,并以一条非常明确的中轴线贯串始终,显得法度严谨而又错落有致。

在临湖的地方开辟了一片广场作为前导空间,上面建了三座牌楼,还设置了高大的旗杆以作标志。寺院的山门兼作天王殿,和民间很多寺庙一样中间供奉弥勒佛,两侧布置四大天王的塑像。山门立面东有鼓楼,西建钟楼,左右相对。北面跨过水池石桥,登上大台基,

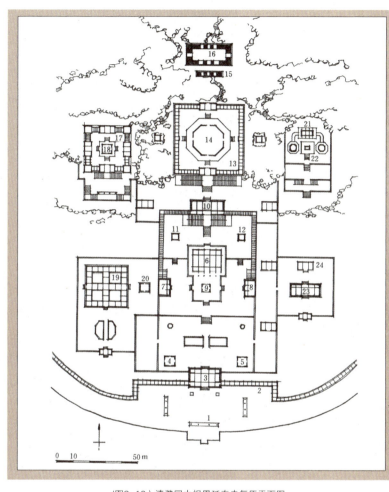

(图3-16)清漪园大报恩延寿寺复原平面图

就来到大雄宝殿。这是一座七间大殿，内部照例供奉三世佛像，台基上布置了铜鼎、铜缸之类的陈设。

大雄宝殿东西两侧各有一个院子，东边院子里是一座慈福楼，西边院子里有一座平面呈"田"字形的建筑，名叫罗汉堂，里面供奉五百罗汉，也是明清佛寺中常见的格局。大雄宝殿的北面是多宝殿，台基比南边高出19米，需要沿着八字形的磴道登上去。再北是更高的台地，上面建有一座宏伟的佛香阁。东西又各有一个独立的院子，其中建筑屋顶都覆盖着黄绿两色相间的琉璃瓦。东边的院子坐落在山石围合的台地上（图3-17），两侧各建一座八角形的重檐楼阁，中央是三层的转轮藏，屋顶造型非常特别（图3-18），里面设有贮藏佛经的木塔，可以转动；西边院子同样位于山石环绕的台地上（图3-19～图3-20），四面各建一座配殿，四角位置各立一座重檐方楼，中央有一座黄铜铸造的宝云阁（图3-21），重量达到207吨，其内供奉释迦牟尼佛。宝云阁院落平面体现的是佛教密宗曼荼罗的神秘图形，中央的铜阁和四面的配殿、四角的方楼分别象征着佛和众菩萨的位置。转轮藏和宝云阁这两座特殊的建筑一直幸存至今，仍保持乾隆时期的原貌。

转轮藏的前面竖立了一座大型石碑（图3-22），造型比较古朴，明显模仿河南

（图3-17）转轮藏院落

（图3-18）转轮藏立面图（奇特的屋顶造型由三个连续攒尖顶组成，上面还竖立了三座神像）

(图3-19)宝云阁院落

(图3-20)冬日宝云阁

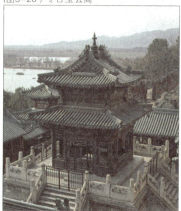

(图3-21)宝云阁(黄铜铸就的精美楼阁)

嵩山著名的《大唐嵩阳观纪圣德感应之颂碑》的碑体形式(图3-23),上面刻着"万寿山昆明湖"六个大字,背面还刻了乾隆帝的另一篇御制雄文《万寿山昆明湖记》。▲

(图3-22) 万寿山昆明湖石碑

(图3-23)河南嵩山《大唐嵩阳观纪圣德感应之颂碑》

高阁耸立

佛香阁是整个清漪园的标志性建筑，其前身却是一座宝塔。

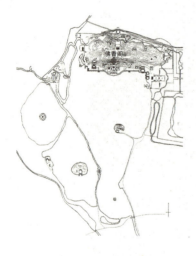

(图3-24）清漪园佛香阁位置示意图

大报恩延寿寺最重要的建筑并非大雄宝殿，而是佛香阁。这座雄伟的高阁也是整个万寿山的标志性建筑和高潮所在（图3-24）。

乾隆帝最初的方案是在这个位置盖一座九层佛塔，造型模仿杭州的六和塔。乾隆二十年（1755年）塔盖到第五层，乾隆帝喜滋滋地作诗说："塔影渐高出岭上，林光增密锁岩阿。" 乾隆二十二年（1757年）塔已经盖到第八层，乾隆帝又写诗说："隔岁山容忽入夏，阅时塔影渐横云。" 次年眼看就要大功告成的时候，塔突然发生坍塌。这时候有人发现明代的《帝京景物略》一书记载"京师西北隅不宜建塔"，原因是会影响风水。乾隆帝也声称自己很担心这次工程事故是上天对他大兴土木的警告,于是将剩余的塔身全部拆除,改在原址重新建了一座大型楼阁,这就是后来的佛香阁。

但实际上所谓"天意示警"纯粹是无稽之谈,乾隆帝如果真的相信这个说法的话,应该停止清漪园的一切工程而不会继续修建一座佛香阁;"京师西北隅不宜建塔"的理由也不成立,因为清漪园西侧的玉泉山上早就修建了一座玉峰塔,一直好端端地矗立着,丝毫无恙。后人推测乾隆帝之所以放弃建塔而改建楼阁的真实原因可能还是更多地考虑了景观的因素。

万寿山东西方向很宽阔,山势平缓,甚至没有明显的顶峰。一般风景区中都喜欢选择陡峭的峰顶来建塔,以进一步增加尖削冲天的气势,但在万寿山这样平缓的山坡上就不太适合以塔为标志性建筑。同时,旁边的玉泉山上早已有了一座宝塔,这里再建一座塔无疑也显得重复,成为造景的大忌。随着塔的逐渐升高,艺术修养很高的乾隆帝肯定也发觉当初的考虑有欠周到,在此复制一座六和塔很可能成为败笔,因此施工过程中发生的坍塌事故正好给了他一个另起炉灶的机会。

从最终的结果来看,佛香阁体量雄伟宽阔,比瘦高的宝塔显得气派得多,而且正好位于万寿山山腰的较高处,与最高的山脊还有一段距离,使

(图3-25)佛香阁位于万寿山山腰处

(图3-26) 湖水倒影佛香阁

得整个楼阁就像是坐在一把太师椅上，沉稳安详（图3-25）。在此阁与山达到完美的和谐，再加上南面大片湖水的映衬，成为清代皇家园林中最出色的一个图景（图3-26）。

佛香阁原建筑在咸丰十年（1860年）被英法联军烧毁，现存者为光绪时期所重建，但完全保持了乾隆时期的原样（图3-27）。楼阁位于一个四面围廊的方形院子正中，本身采用八角形平面，从外面看有四层屋檐，里面分为三层（图3-28）。第一层供奉了一尊明代万历年间铸造的千手观音像（图3-29），第三层供的是旃檀佛。屋顶采用"攒尖"式样，就是和宝塔、亭子一样，在最高处做一个宝顶，各个檐角都有一条屋脊与宝顶相连，昂然矗立于半空之中（图3-30）。为了进一步烘托佛香阁的雄伟气势，还特意在其台基的周围叠了很多石头，也就是在真山的山坡上再加上局部的假山，显得更加挺拔。

这座佛香阁从台基到最上面的宝顶一共高36.44米（图3-31），在中国现存所有的古代木构建筑中仅次于山西应县佛宫寺的释迦塔和河北承德普宁寺的大乘阁而排名第三，在清代皇家园林所有楼阁中排名第一。整组建筑中轴线上的山门、大殿、多宝殿、佛香阁、牌坊、智慧海层层升高（图3-32），段落分明，格局严谨又不失错落有致，而且每一层台地都成为往下俯瞰昆明湖、玉泉山以及园外农田的最佳观景台。东西两侧的院落、楼殿、游廊逐渐降低，大致形成对称的格局，加上茂密的林木背景，显得无比的恢弘壮丽，摄人心魄。

清漪园中的楼阁建筑数量很多，除了最高的四重屋檐的佛香阁，还有三层的望蟾阁、文昌阁（图3-33），两层的景明楼、景花阁（图3-34）、治镜阁、凤凰楼、夕佳楼、山色湖光共一楼（图3-35）、湖山真意楼（图3-36）等等，大部分散布在前山和前湖周围，凸起于山坡水际的树梢之上，成为各段局部风景的中心焦点，其高大的体量与壮伟的山形、宽阔的湖面互相映衬，景致轮廓高低错落，形成极为和谐的画面。▲

（图3-27）佛香阁设计图样

（图3-28）佛香阁三维电脑模型　（图3-28-1）图样西北侧平视

（图3-28-2）东南侧鸟瞰

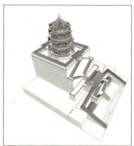
（图3-28-3）西南侧鸟瞰

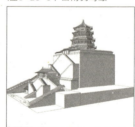
（图3-28-4）东南侧仰视

（图3-28-5）东南侧仰视

（图3-28-6）院内平视

（图3-29）佛香阁底层千手观音铜像

(图3-30）佛香阁屋檐翼角

(图3-31)从山脚下看佛香阁

(图3-32) 佛香阁台地

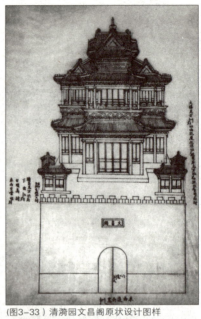

(图3-33)清漪园文昌阁原状设计图样

(图3-34)清漪园昙花阁旧影

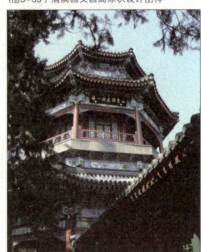

(图3-35)山色湖光共一楼

(图3-36）湖山真意楼

琉璃世界

五彩琉璃打造的佛国净土世界居于最高处，表现出超出凡尘的无上华丽。

佛香阁的上面还有两层高台（图3-37），通过崎岖的山石磴道往上攀登，迎面是一座大型琉璃牌坊"众香界"。牌坊共分为三间，全部用砖石修砌，每间以白色石头做一个拱券门洞（图3-38）。墙身下部为红色，上部以彩色琉璃装饰（图3-39），对比强烈。据《维摩诘所说经》记载："积香如来之净土为众香国，其楼、阁、苑囿皆香，香气通流十方无量世界。"在此"众香界"象征着充满香气的佛国净土。

万寿山山顶处修建了一座大型佛殿智慧海（图3-40）。这座重檐大殿面阔五间，一反中国木构建筑的传统，全部用砖砌筑而成，没有使用梁、柱等木材构件，因此俗称"无梁殿"（图3-41～图3-42）。殿内中央供奉观音菩萨，文殊、普贤两位菩萨居于两侧。外墙全部以黄、绿、紫、蓝各色琉璃装饰，极为炫目。其中包含着1008个小佛龛，每龛内有一座小佛像（图3-43），屋脊也用琉璃制成各种卷草图案，非常华丽，以浓墨重彩的方式为前山建筑群画上灿烂的最后一笔。

咸丰十年（1860年）英法联军焚掠清漪园时，众香界和智慧海因为其砖石琉璃质地而未被烧毁，一直幸存下来，但智慧海墙面上的很多佛像都被砸坏头部。▲

(图3-37)众香界智慧海全景

(图3-38)众香界牌楼

（图3-39）众香界牌楼细部

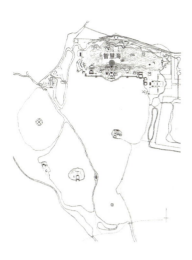
(图3-40)清漪园智慧海位置示意图

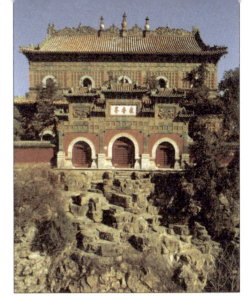
(图3-41)智慧海正面

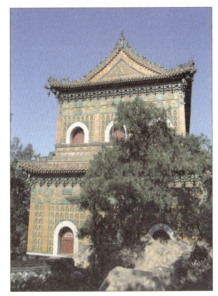
(图3-42)智慧海侧面

(图3-43)智慧海佛龛装饰

画中畅游

清漪园是一幅立体的长卷山水画,游园的过程如同身在画中。

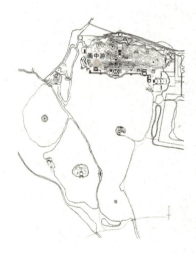

(图3-44)清漪园画中游位置示意图

中国古典园林特别重视景观与游人的互动关系,强调通过人的视觉、嗅觉、听觉、触觉来全方位感受景观的优美意境,也需要通过人在园中的移动来表现"移步换景""如行画中"的效果。清漪园的"画中游"就深刻地体现了这个特点。

画中游位于万寿山的西部转折处(图3-44),位置高出湖面30多米,视野很开阔。景点主体建筑是一座八角形的楼阁(图3-45~图3-46),周围另建了澄辉阁、爱山楼(图3-47)、借秋楼(图3-48)三座建筑,彼此用一种爬山游廊串联一体,能够从不同高度、不同视角充分欣赏周围的风景(图3-49)。其中那座八角形主楼阁不设台基,柱子直接立在凹凸不平的山石上(图3-50),登上二楼，四方八面都以柱子和横楣构成完整的画框，依次看去，便形成八幅远近宽窄各不相同的画面，清澈的湖面、隐隐的青山、挺秀的宝塔、崎岖的山石、长长的石桥，无一不是绝佳的构图，美不胜收。对此乾隆帝当年就深有感触，特意用"层楼雅号画中游，四面云窗画景收"的诗句来描绘这一妙境（图3-51～图3-54）。

这组建筑不但宜于形成赏画似的观景效果，本身造型也很别致，与陡峭的山崖融为一体，又成为其他地方重要的赏景对象。其实，在清漪园中，每一处地方都身兼观景和点景两大功能，彼此互为关联，画中游更是其中典型而已，身在其中的游人既是观画的主体，也是画中的有机组成要素。▲

(图3-45) 画中游楼阁正面

（图3-46）画中游楼阁侧面

(图3-47）爱山楼

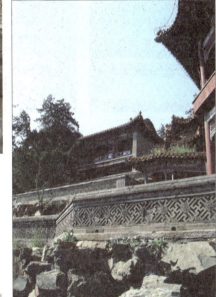

(图3-48）借秋楼

(图3-50）画中游建筑柱子直接落在山石上

(图3-51）画中游南望昆明湖岛屿

（图3-52）画中游西望玉泉山

（图3-53）画中游近观山石小亭

（图3-54）画中游西南方向框景

(图3-49)画中游建筑群立面图

清漪园的前湖与后山后河风光

昆明湖水面辽阔，湖上点缀着模仿海上仙山的岛屿；曲折的后溪河是清漪园的另一番天地，在曲折的溪流和山崖间掩映着佛寺和买卖街。海上仙山的主题如何表达？后山须弥灵境以哪座藏传佛寺为蓝本？皇帝为什么在幽静的园林里设置热闹的水街集市？且看本章分解。

昆明湖上

昆明湖上是泛舟的最佳去处。

从乾隆十六年（1751年）开始，乾隆帝将福建水师将领调来北京，负责率领健锐营的兵士定期在昆明湖上进行水操训练，与当年的汉武帝遥相呼应，算是没有辜负"昆明"二字的典故。但操练终究是做做样子，更多时候昆明湖只是皇帝泛舟游览的最佳去处。

乾隆帝经常选择不同的季节和不同的时刻乘船游湖，这样可以体验湖上风光的四季变化和朝夕反差，引发诗兴。他写的诗并不算很高明，却自鸣得意，还特别希望旁边能有人唱和或者喝彩，有一次一群御前大臣以及额驸（即娶了公主的驸马）陪他一起坐船，都是不懂诗的粗人，乾隆帝吟了不少诗，却无人喝彩，仿佛对牛弹琴，只好自己在诗中发牢骚说："同舟不是能诗者，腹稿成来独自吟。"这种情景多少有些尴尬。

昆明湖碧波万顷（图4-01），上面种了很多荷花、芦苇，湖中还有一些野鸭，增添了更多的生气。▲

上篇 · 清漪篇

肆 · 清漪园的前湖与后山后河风光

（图 4-01）碧波万顷的昆明湖

海上仙山

对海上仙山的向往是历代帝王难以割舍的心结。清漪园再次重现了蓬莱、方丈、瀛洲三仙山风光。

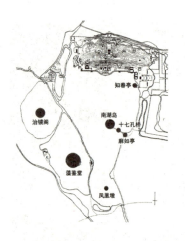

（图4-02）清漪园昆明湖岛屿位置示意图

昆明湖辽阔的水面上除了长堤之外，还有三大二小五座岛屿。如果把长堤比作项链，这五岛就像是五颗散落的宝石，在波光粼粼的水面上发出璀璨的光芒（图4-02）。

南湖岛、藻鉴堂和治镜阁三座大岛象征着传说中的蓬莱、方丈、瀛洲三仙山，刚好分别坐落在长堤划分的三块湖面中心位置，彼此遥相呼应。

南湖岛靠近东岸，这里有一座广润祠（图4-03），原来是一座龙王庙，早在清漪园修建之前就存在了，不过那时候湖面还没有经过改造，面积比较小，庙不是在岛上而是位于湖岸上，后来挖湖堆山，水面扩大了，龙王庙所在的一块地方被保留在水中成了南湖岛。岛东侧用一座长长的十七孔桥与东岸相连。整座桥长达150米，宽8米，共有十七个拱洞，全部用汉白玉砌成（图4-04）。两端桥头竖立了4个石狮子，神态各异，是非常出色的雕刻作品（图4-05～图4-06）。桥的东边建了一座八角重檐的廓如亭（图4-07），这座亭子体量特别大，内外一共用了三圈共四十根柱子支撑，规模几乎相当于一座楼阁，与同样超长的十七孔桥组成和谐的一对。

南湖岛东西宽120米，南北宽105米，接近圆形，象征着满月（图4-08），沿岸装设汉白玉栏杆（图4-09），也与十七孔桥取得呼应；岛西和岛南各建一座牌楼（图4-10），岛的最北段以土山进一步堆高，山冈上修建三层的望蟾阁，"蟾"就是"蟾蜍"，传说月亮上有广寒宫、蟾蜍和桂树，古代也常用"蟾蜍"、"蟾宫"来指代月亮，所以还有个成语叫"蟾宫折桂"。岛上另建有一座月波楼，十七孔桥上则有"偃月"的刻石题额。所有这些其实都强调了同一主题：这个小岛是月亮的化身，再现了传说中的广寒宫。乾隆帝也有一首诗描绘此处："隔湖飞睇者，望此作蟾宫"，点出了其中的意境内涵。岛北正对万寿山，也是欣赏前山胜景的最佳位置（图4-11）。望蟾阁后来被改建为一层的涵虚堂（图4-12），仍然是南湖岛上主体建筑。

藻鉴堂岛位于南外湖中，是面积最大的一个岛，形状不大规则，岛上主要在南部建了一座庭

（图4-03）南湖岛广润祠大门（这是一座供奉龙王的小庙）

（图4-04）十七孔桥

（图4-05）十七孔桥石狮子正面

（图4-06）十七孔桥石狮子侧面

（图4-07）廓如亭（中国古代体量最大的亭子之一）

上篇·清漪篇

肆·清漪园的前湖与后山后河风光

院，以游廊围合，南端伸出两个方亭子架在水中，院中还设了一个方形池塘，形成水中有岛，岛中又有水的格局。乾隆帝《藻鉴堂》诗中说道："碧水周堂中有池，廊围一亩湛华滋"，还形容这种内外交汇的水景像镶嵌的镜子一样澄静明爽。

治镜阁岛完全是一个圆形的石台（图4-13），台上建了一圈圆形的围廊，中央是一座二层楼阁（图4-14），底层各突出一间，造型比较复杂。这是典型的仙山楼阁模式，从北宋大画家张择端所画的《金明池夺标图》上就可以见到类似的"水心殿"景象（图4-15），后来乾隆年间的宫廷画师贾全也画过一幅《登瀛洲图》（图4-16），图上的仙山正是这样的圆台楼阁。圆明园附园长春园的水面上也建有一座海岳开襟，造型几乎和治镜阁一模一样，说明二者出于同样的主题和设计。

（图4-08）南湖岛侧影

湖上另外两个小岛都靠近东岸。其中南侧的凤凰墩是圆形平面，上面建了一座凤凰楼，又叫会波楼，是整个园林最南端的观景点。北侧的小岛严格来说可以分成两个更小的岛，彼此之间用一座小桥连为一体，又用一座石板长桥与东岸相连（图4-17）。岛上建有一座重檐的方亭，名叫"知春亭"（图4-18～图4-20），在亭中向北可近观对面不远处的玉澜堂、夕佳楼以及乐寿堂的门殿水木自亲，向南可远眺南湖岛、西堤、凤凰墩，向西则面临渺渺的水面和更远处的西山。有人觉得这处小岛的平面形状有点像鸭子，而北宋苏东坡有句诗说过"春江水暖鸭先知"，推测或许"知春"二字与此有关。▲

（图4-09）南湖岛石栏杆

（图4-10）南湖岛东侧牌楼

（图4-11）南湖岛涵虚堂

(图4-12)从南湖岛望万寿山

上篇 · 清漪篇

肆 · 清漪园的前湖与后山后河风光

(图4-14)治镜阁立面画样

(图4-13)治镜阁平面画样

（图4-15）《金明池夺标图》中的水心殿

（图4-16）《登瀛洲图》中的仙楼

（图4-17）从昆明湖南岸望知春亭小岛

（图4-18）知春亭北侧

（图4-19）知春亭东侧

（图4-20）知春亭西望

曲溪通幽

曲折的后溪河演绎了清幽的意境，与开阔的前湖恰成对比。

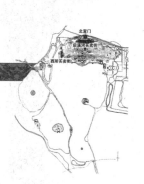

乾隆帝诗中明确表示清漪园的水系特点是"前俯明湖后曲池"，就是前临明波潋漾的昆明湖，后倚曲折蜿蜒的后溪河。现代关于颐和园的论著多将后溪河称为"后湖"，但实际上这一长长的水面更像一条河而不像湖。清代的宫廷档案则明确称之为"后溪河"，这个名称很恰当，因为这段水面有宽有窄，宽的地方是河，窄的地方就成了溪流。

后溪河基本与后山平行，横跨东西。南岸紧靠万寿山的后山山坡，北岸临近北宫墙，特意在墙前堆叠假山，基本上把墙给遮住了，同时又形成了"两山夹一水，脉脉流不尽"的完美效果（图4-21）。整条河在将近一千米的河道上展开，每遇到平缓的地带就把水面放宽（图4-22），遇到陡峭险峻的山崖就收缩，还在每个段落的节点处都架设了一座小桥，这样就把河道一共分成六个段落，在两岸的绿荫掩映下演绎出起伏不定的节奏变化，绝对没有僵硬、单调、重复的感觉（图4-23～图4-24）。

（图4-21）后溪河

(图4-22)后溪河宽阔处

（图4-23）后溪河狭窄处

后山的叠石假山比较多，而且多采用青石。青石多数呈片状，但也有些大块青石比较敦厚，而清漪园的后山就尽量采取这些体形较大的青石与同样敦厚的黄石相间，这样更容易与真山融为一体，达到真假难辨的效果。在后山中穿行，体验早晚天光、雾气的变化，大有如入深山密林的感觉（图4-25）。

自古以来经常用"曲径通幽"来形容园林的意境，而在这里显然更适合改成"曲溪通幽"，因为正是通过这条曲折的后溪河，把岸边若干清幽的小景串联起来，并且不断让游者感受到明暗、收放、进退、高低的变化，时时出人意料，更添探幽的兴致。可惜的是，乾隆时期所建的后溪河上的很多小景被毁后没有重建，使得河畔失去了一些精致的点缀，只剩下一些残缺的台基和零星亭桥掩映在山石、绿树之间，隐约让人联想起当年的灵巧匠心。

前山面对的昆明湖以辽阔和宁静取胜，后山所临的后溪河则以窄长和动感见长。后山上另有两条山涧，分别叫东桃花沟和西桃花沟，水流有明显高差，从山坡上潺潺而下，与缓缓流动的后溪河汇合在一起。后溪河在两岸叠石驳岸之间行进，水声清越，在山谷中回响，更添灵动的意境。▲

（图4-24）绿荫掩映后溪河

(图4-25)后山雾气

上篇 · 清漪篇

肆 · 清漪园的前湖与后山后河风光

后山小景

后山明显比前山要陡峭，而且形态曲折。乾隆时期的清漪园在此以分散的方式修建了若干景区，除了中央位置的须弥灵境之外，其余都是巧妙结合山水地形的宜人小筑。（图4-26）

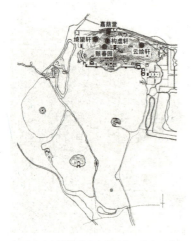

（图4-26）清漪园后山小景位置分布示意图

西桃花沟的西侧原有一组绮望轩建筑群，位于后溪河南侧的山崖上（图4-27），临水设有码头，可沿着4米多高的两侧磴道登上高大的台基，进入开敞的绮望轩，在此向北可俯瞰河面，具有开阔的视野。南面庭院在游廊围合之下，其中布置一些山石，西北侧建有一座两侧的小阁停霭楼，再南有山径一直向山坡上延伸，表现出幽邃的意趣。

西桃花沟东侧有一个小山头，能够向四面环眺，位置很好，当年曾经在山头的最高处建了一座构虚轩，在旁边的山脊和山坳各建了一座亭子和一座小书屋，使得山头、山脊、山坳不同的部位得到强调，吸引人的目光，同时三座建筑组合成一个小整体，表现出高低起伏的动感（图4-28）。构虚轩实际上是一座四面开敞的三层楼阁，屋顶做成很特别的三卷勾连搭歇山形式。在楼内向东可观须弥灵境的佛殿红台以及浮于树梢的彩色琉璃塔，向北可望红山口的双峰以及周围的农田，向南直对陡峭的山崖石壁，向西更可以远眺玉泉山的山姿塔影，四面远近均有美景可赏，与前山的画中游可谓一时瑜亮，各有妙处，难分高下。乾隆帝为此写诗说："峰顶云轩四望疏，天光物色总如如"，强调自己很喜欢这个精致的后山景点。构虚轩的下面有一座名叫绘芳堂的二层小楼直接临水，成为上面主景的陪衬。

西桃花沟的上游地段北侧平缓，南侧陡峭，地势凹凸起伏，在此构筑了一个相对独立的园中之园——赅春园（图4-29）。这组建筑群分布在三层不同高差的台地上，第一层西侧是一个封闭的小院，其中的主体建筑采用五间前出抱厦的形式，名叫味闲斋（图4-30）；东侧是赅春园的园门，入内可见"蕴真赏惬"小轩位于第二层台地上，周围半遮半敞；最南的第三层台地上建有清可轩和"留云"小室，居高临下，二者之间的山崖上筑有栈道，以此强调山崖的险峻。

后溪河北岸偏西位置建有一组院落，前引垂花门，东侧的高台上建了一座方亭，沿磴道折而向北，可来到中心庭院之内，其中设有三间正房嘉荫轩（图4-31）。院落的后面还有一个名叫"妙觉寺"的小寺庙。这组建筑格局很简单，却别有宁静安详的氛围，与相邻的买卖街相处融洽。

后溪河东侧南岸一带三面环山，北侧临水，是一个"凹"字形的地段，当年在此建有一组名叫"云绘轩"的两进院落（图4-32）。南侧设园门，中央为正厅云绘轩，北侧临水建有七间澹宁堂，前出抱厦，并设有码头，两侧的叠落游廊增加了空间的变化。

以上提及的五组景致现在大都已经不存，只留下台基供人凭吊，但身临其境，依稀可以感受到每一处的环境特色和幽静气息。▲

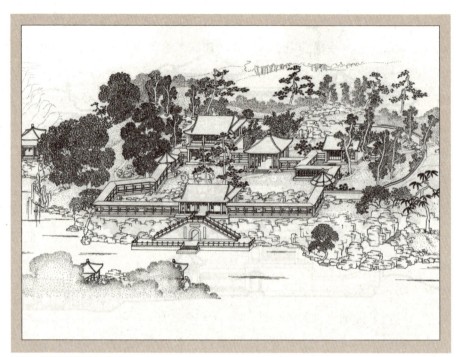

（图4-27）绮望轩复原鸟瞰图

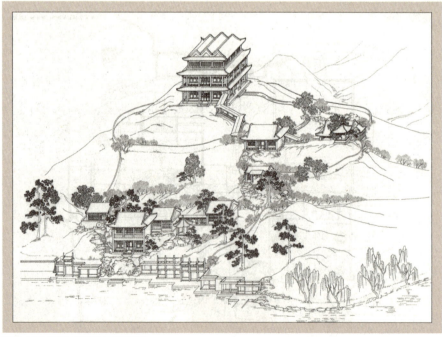

（图4-28）构虚轩绘芳堂复原鸟瞰图

(图4-29)赅春园遗址

（图4-30）赅春园味闲斋复原鸟瞰图

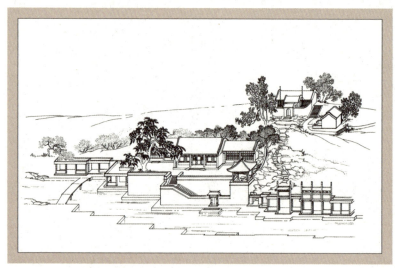

（图4-31）嘉荫轩复原鸟瞰图

（图4-32）云绘轩复原鸟瞰图

水街集市

清漪园中建造了两条水街集市，成为帝王体验民间市井氛围的趣味空间。

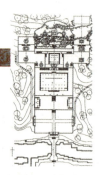

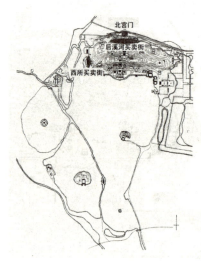

（图4-33）清漪园买卖街位置示意图

皇家园林是宫廷建筑的一种，自然在很多地方都充满了皇家特有的尊贵和非凡气派，规模大、色彩华丽；但同时又会特意增添一些民间建筑，比如村舍、小寺庙等，尺度小、色彩淡雅，二者形成鲜明的对比。其中最特别的一种富有民俗特色的建筑类型要算是买卖街。所谓买卖街就是模仿集市店铺的建筑群，在中国很多朝代的皇家园林都曾经出现过，比如两千年前的汉灵帝就曾经在宫苑中摆设店铺，还让太监、宫女扮演商贩、顾客，以为娱乐。南北朝时候刘宋时期的宋少帝也在首都建康的华林园里建了一个集市，北宋东京的艮岳中设有酒店，南宋临安的御苑中的店铺之景更加丰富，卖各种东西的都有，很热闹。

清朝的皇帝对买卖街情有独钟，在畅春园、圆明园、长春园、静宜园中都有所修建（图4-34），清漪园也不例外，而且一下子就建了两条，一条在万寿山的西侧，叫"西所买卖街"（图4-33）；另一条在后溪河上，就叫"后溪河买卖街"。这两处在咸丰十年（1860年）的浩劫中都没能幸免于难，全被烧毁（图4-35）。光绪时期曾经画过重建设计图，但也没有建成。

西所买卖街沿着小西泠一带曲折的水岸边布置了一条商业街，街上的店铺前门面对街道，后门直接临水，正是江南水乡地区"前街后河"的格局。

后溪河买卖街位于后河的中段，又叫"苏州街"，全长达到270米，超过整个后河河道的四分之一。这条街市与西所买卖街一样都是为了模

（图4-34）圆明园中的买卖街

仿江南集市，但布局方式并不相同。后溪河买卖街不是"前街后河"，而是"两街夹一河"（图4-36～图4-37），直接在后河的南北两岸设置店铺，每家店铺门前到水面只保留很窄的一段通道，更强调河从街心穿越的"水街"感觉。虽然此街叫"苏州街"，但实际上这种模式在浙江绍兴等地区更为常见。沿岸设了好几处码头，船行河中，在两边的市肆之间游来荡去，随时可停靠在某家店前。这组店铺的台基一直保存很完好，20世纪90年代在清华大学建筑学院徐伯安先生的主持下进行了重建，成为颐和园中深受游客喜爱的一处景点（图4-38）。

这条水街弯曲别致，恍如江南水乡，但所有的店铺造型却是典型的北方商业建筑样式。北京地区的街市最集中的地区是前门外，常见的铺面形式主要有平顶房、普通房、牌楼房和楼房四种。平顶房又叫"拍子"，数量最多，形象最简单，屋顶是平的，带着一条长长的滴水檐（图4-39）；普通房和一般的建筑没有显著区别，都采用硬山或者悬山坡屋顶（图4-40）；牌楼房最复杂，要在房子前面加建一座牌楼（图4-41），牌楼可大可小，柱子冲天拔起，最为高大气派，所以又叫"冲天牌楼"；楼房一般是长方形平面，两层（图4-42），有时候还做成拐角形。后溪河买卖街上各种形式的店面俱全，彼此错落杂陈，煞是好看。

从规模来看，这些店铺以三间为主，总宽度大多都只有两米多，深度也不超过三米，单个铺子总面积都在六平米以下。显然，真正的商店不可能采用这么小的尺度，因为根本无法使用，所以这些店面的本质只是一种布景，充当点缀河岸、渲染江南风貌的摆设。

虽然只是布景，这些店铺的表面文章还是做得很逼真的。内务府档案记载，当年街上拥有店面共二百多间，而且每家店铺都有专门的匾额，各种行业俱全，比如卖古玩的帖古斋、卖文房四宝的云翰斋、卖祭祀贡献用品的妙化斋、卖鞋子的履祥泰、卖香烛的细香铺、卖衣布绸缎的经纬号以及酒楼芳雅斋、茶馆品泉斋等，吃喝穿用一应俱全。当时主要以太监来扮

(图4-35)后溪河买卖街遗址

演伙计和顾客，皇帝、太后的船一到，两岸立刻吆喝开来，人流熙攘，场面热闹又有趣。

古代封建社会的皇室虽然尊贵无比，但是平时也受到很多礼节和规矩的束缚，享受不到很多常人的生活乐趣，比如逛街、泡茶馆、吃酒楼等等，心理上对这些市井氛围很向往，因此喜欢在皇家园林中营造这么一种特殊的建筑形式以作补偿，稍稍体验一下百姓逛街的乐趣。当然，这种布景在一定程度上也能反映民间的商业面貌，让皇帝在处理国家大政之余，也来领略一下城市中的市肆繁华。

水街中央架了一座三孔石桥（图4-43），通北宫门。这座宫门采用两层楼的造型，比较雄伟（图4-44），买卖街的东西两端又分别有寅辉关和通云关两座城门，俨然在城墙围合当中。石桥的南面是佛寺须弥灵境，建在山坡上的世外清净之地似乎与买卖街的世俗景象格格不入。但实际上中国古代很多著名的集市都建在佛寺或道观的前面，形成特殊的庙街形式，热闹的市井与幽静的寺院形成鲜明对比但又能彼此共存。后溪河买卖街与须弥灵境的关系也是这样。▲

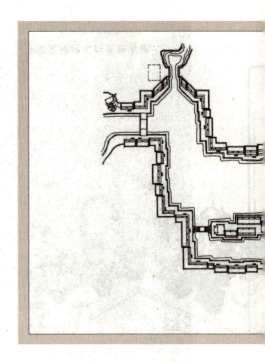

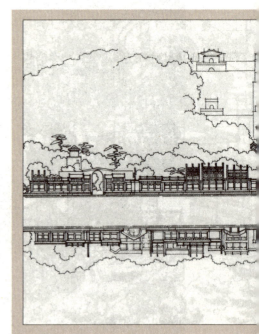

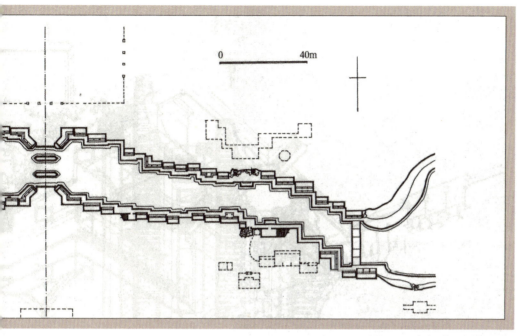

(图4-36)清漪园苏州街复原平面图

(图4-37)清漪园苏州街立面复原想象图

（图4-38）后溪河买卖街重建后的景象（店铺林立的街市展现出繁华的商业景象）

（图4-39）拍子式店铺

（图4-40）普通悬山房店铺

（图4-41）牌楼式店铺

上篇·清漪篇

肆·清漪园的前湖与后山后河风光

（图4-42）楼房式店铺

（图4-43）后溪河上三孔桥

（图4-44）北宫门

须弥灵境

须弥灵境是一组藏式风格的佛寺，其布局隐含着佛教密宗的宇宙图式。

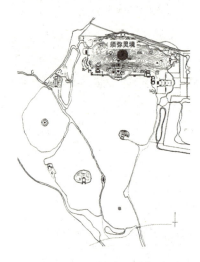

（图4-45）清漪园须弥灵境位置示意图

清漪园前山的主体建筑群是大报恩延寿寺，后山的主体建筑群则是另一组藏式佛寺——须弥灵境。这两组建筑的中轴线距离很近，彼此隔着山脊，一个朝南，一个朝北，互相背对着（图4-45）。

康熙五十二年（1713年）——乾隆四十五年（1780年），清廷在热河避暑山庄的外围陆续修建了十二座庙宇，统称"外八庙"，凝集了汉、蒙、藏各民族建筑艺术，规模宏大，风格各异，其中有一座普宁寺尤其宏伟壮观。这座佛寺的前半部分和一般汉族寺院一样建有山门、天王殿、大雄宝殿，后半部分则直接以西藏地区著名的古寺桑耶寺为蓝本，中间修筑大乘阁，周围按照佛经

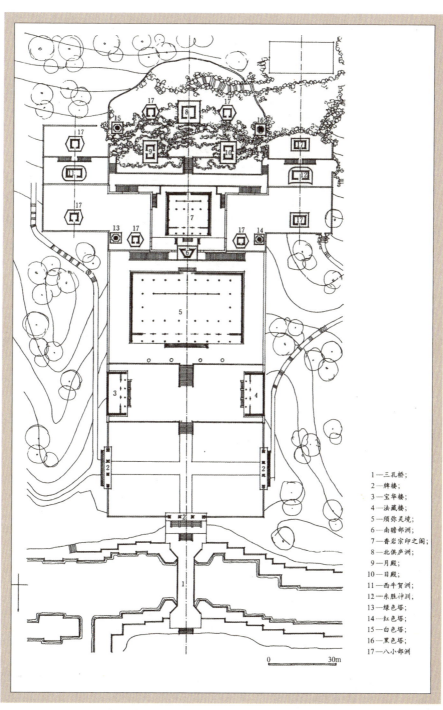

1—三孔桥；
2—牌楼；
3—宝华楼；
4—法藏楼；
5—须弥灵境；
6—南瞻部洲；
7—香岩宗印之阁；
8—北俱庐洲；
9—月殿；
10—日殿；
11—西牛贺洲；
12—东胜神洲；
13—绿色塔；
14—红色塔；
15—白色塔；
16—黑色塔；
17—八小部洲

（图4-46）清漪园须弥灵境复原平面图

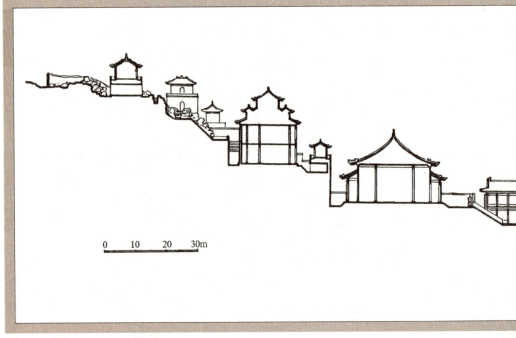

（图4-47）清漪园须弥灵境复原剖面图

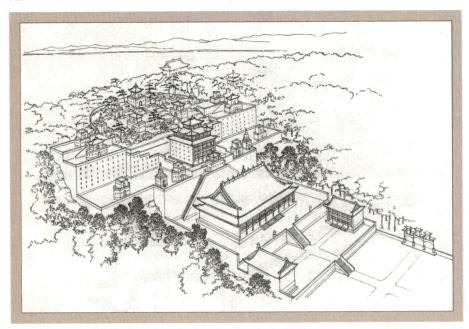

（图4-48）清漪园须弥灵境复原鸟瞰图

中关于"四大部洲"的说法设置其他建筑。所谓"四大部洲"就是指位于东海中的东胜神洲、西海中的西牛贺洲、南海的南瞻部洲、北海的北俱庐洲,代表着四方大地。读过《西游记》的朋友一定记得孙悟空的老家花果山就在东胜神洲的傲来国境内。

清漪园须弥灵境几乎与普宁寺建于同一时期,二者主体部分的格局也很相似,都是在一级级的台基上依次修建殿宇建筑,前后分别以大型佛殿和楼阁为中心,体现藏传佛教的特色(图4-46~图4-49)。须弥灵境北侧修建一座入口牌坊(图4-50),经过大片广场后走进建筑群,前部台地上构筑一座九开间的大殿,上面悬挂"须弥灵境"匾额,左右建有法藏楼和宝华楼两座配楼。后部台地的核心建筑是一座楼阁——香岩宗印之阁,体量高大,装饰极为华丽,象征世界中央的须弥山,南侧的长方形平顶台上的佛殿代表南瞻部洲,东侧的半月形平台佛殿代表东胜神州,西侧的椭圆形平台佛殿代表西牛贺洲,北侧的方形平台佛殿则代表北俱庐洲。这四座佛殿本身的造型为汉式,但下面的

(图4-49)以弥灵境为中心的后山建筑群

平台都是藏式的碉房，属于汉藏结合风格。除了这四大部洲，还有八座小殿象征着八小部洲。这些佛殿中都供奉着金刚或者佛母的塑像。

除了中央大阁和四大八小佛殿之外，又有日月二殿和四色宝塔。二殿分别位于中央大阁的东南侧和西南侧，象征着太阳和月亮(图4-51～图4-53)；四色塔是四座不同颜色的喇嘛塔，位于四角位置，分别为黑塔、白塔、绿塔、红塔，象征佛教的不同智慧（图4-54～图4-57）。

清王朝是一个疆域辽阔的庞大帝国，由多民族共同组成，统治者为了维系江山一统，需要兼顾不同民族的利益，也需要兼容不同民族的文化。清帝为了笼络蒙、藏上层贵族，特别尊奉佛教的藏传支系——喇嘛教，也经常在皇家园林内外仿制一些藏式佛教建筑，须弥灵境就是其中的重要代表。在此所建的藏式建筑都含有明确的宗教含义，位于巨大的高台上，高台用藏式的"金刚墙"砌筑而成，名叫"大红台"（图4-58），最下一层高达十米，越往上越收缩，显得特别挺拔稳固。台地周围还加上很多叠石，更显出嶙峋雄浑的感觉，表现出与汉地建筑完全不同的特殊景观效果（图4-59），恰与前山的大报恩延寿寺形成鲜明的对比。现存建筑经过光绪时期的重建，形象已经不如乾隆时期原貌，但依然能够表现出一股浓烈而辉煌的高原气韵（图4-60～图4-63）。▲

（图4-50）须弥灵境入口牌坊

（图4-51）须弥灵境日殿

（图4-52）须弥灵境月殿

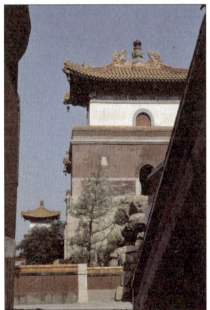

（图4-53）须弥灵境佛殿仰视

上篇·清漪篇

肆·清漪园的前湖与后山后河风光

123

(图4-54)须弥灵境黑塔

(图4-55)须弥灵境白塔

（图4-56）须弥灵境绿塔

（图4-57）须弥灵境红塔

（图4-58）须弥灵境大红台

（图4-59）须弥灵境叠石

（图4-60）须弥灵境现状仰视

（图4-61）须弥灵境现状鸟瞰

（图4-62）须弥灵境现状鸟瞰

（图4-63）居高临下的须弥灵境

上篇·清漪篇

肆·清漪园的前湖与后山后河风光

七彩宝塔

花承阁琉璃塔是清漪园中最美丽的建筑之一。

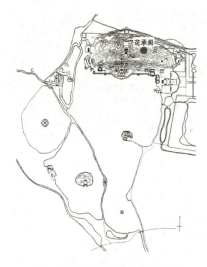

（图4-64）清漪园花承阁位置示意图

乾隆帝放弃了在万寿山中央模仿六合塔修建宝塔的初衷，改建了一座佛香阁，因此清漪园的前山和前湖并没有塔式建筑，但在后山还是修建一些体量较小的宝塔，前面提到的须弥灵境的四色塔是典型的喇嘛塔，此外还有一座多宝琉璃塔则是典型的楼阁式塔，一直幸存至今。

这座琉璃塔称得上是清漪园中最美丽的建筑之一，位于后山东侧的花承阁院落中（图4-64）。花承阁建筑群整体坐落在一个直径约60米的半圆形高台上（图4-65），中央是一个三合院形式的小佛寺"莲座盘云"，正殿内供奉观音菩萨像，周围沿着半圆形的台地边缘构筑了弧形的游廊，前面则建了一个小牌

（图4-65）花承阁复原鸟瞰图

楼作山门（图4-66）。东侧的六兼斋位于高台上，很方便观赏风景。西侧的花承阁是一座东西向的小楼，利用地形高差，从西面看是两层，东面则是单层。

多宝塔设在西南角的塔院中，平面为八角形，共有七重屋檐，高18.6米，完全用各种颜色的琉璃制成，黄绿金白红俱全，绚丽夺目，在周围茂密的绿树照映下更显得卓尔不凡（图4-67）。乾隆帝曾经特意为这座塔写过一篇《多宝塔颂》，夸赞道："黄碧彩翠，错落相间""黄金为顶，玉石为台，千佛瑞相，一一俱足"。

琉璃塔所在位置是在一个突出的小山包上，周围有松树林和桃花林，又以西面的须弥灵境为背景，特别具有一种独特的神秘感，甚至有点飘然欲仙的意思，非常引人入胜。▲

(图4-66)花承阁牌坊

（图4-67）花承阁琉璃塔（美丽的琉璃塔如同是金玉装饰而成的珠宝）

伍 清漪园的造园意境

清漪园是一部完整而紧凑的宏大乐章。全园的很多景区分别体现不同的主题并分别建造楼台、堆叠假山、培植花木，此外还充分考虑了对外部环境的借景效果。除了杭州西湖，园中还浓缩了中国哪些经典名胜？清漪园特殊的布局方式体现了怎样复杂的象征寓意？园中的植物布置有什么特殊的讲究？乾隆帝当年沿着怎样的路线游览全园？且看本章分解。

移天缩地

清漪园不但以杭州西湖为蓝本，同时还模仿了无锡黄埠墩、洞庭湖岳阳楼、武昌黄鹤楼和扬州瘦西湖，集天下美景于一身。

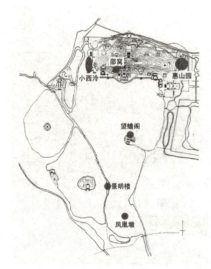

（图5-01）清漪园部分写仿景观位置分布示意图

（图5-02）无锡黄埠墩

早在汉代的时候，中国古典园林就开始在园内摹拟各种山河名胜，成为一项重要的造园传统手法。比如东汉有个叫梁冀的大官就在自己的花园中用土堆筑大型假山，以象征长安东面的崤山；唐代宰相李德裕在洛阳郊外有一座平泉山庄，里面开辟了一条长溪，沿途堆叠假山，仿照洞庭、巫山等长江沿途风光，好像是长江名胜的微缩版本；宋徽宗在首都汴梁造了一座艮岳，其中的寿山模仿的是杭州凤凰山。这个传统在清代皇家园林中被发扬光大，各大御苑中极为广泛地采用摹拟全国各地名园胜景的手法，企图把天下最好的风景都囊括到皇帝的花园中，这种思想被晚清的一位诗人称为"移天缩地在君怀"。

清漪园是所有御苑中"移天缩地"景观创造最出色的典范。如前文所述，全园的整体架构以及一些局部逼真地摹拟了杭州西湖，从而在位于北国的京师打造出了另一个江南的西湖。除此之外，园中还有不少建筑和山水景致以其他风景名胜为蓝本，琳琅荟萃、意境深远（图5-01）。

　　昆明湖东南侧靠近岸边有一个小岛名叫凤凰墩，上面建了一座凤凰楼。乾隆帝有诗说："渚墩学黄埠，上有凤凰楼，一镜中悬画，四时长拟秋。"表明这个小岛模仿的是"黄埠"。所谓黄埠全名叫"黄埠墩"（图5-02），位于江苏无锡惠山脚下的大运河中，也是一个小岛，形状小而圆，岛上建有佛寺楼阁，西面隔水可望见惠山、锡山以及山顶的一座龙光塔。清漪园的凤凰墩也是小而圆的墩形，上面同样建了一座楼阁，而且向西隔湖可望玉泉山、西山以及山顶的玉峰塔，与无锡的黄埠墩的形状、位置和环境极其相似。

　　西堤偏南的位置有一块地方明显放宽，好像是与长堤相连的长方形小岛，上面曾经建过一座景明楼，按照乾隆帝诗中所称，此楼摹拟了湖南洞庭湖的岳阳楼（图5-03），其名"景明"二字出自北宋范仲淹著名的文章《岳阳楼记》中"至若春和景明，波澜不惊，上下天光，一碧万顷"的名句。在此观赏昆明湖和西山、长河，很有洞庭湖"衔远山，吞长江，浩浩汤汤，横无际涯；朝晖夕阴，气象万千"的景色特征。湖上的大岛南湖岛之北曾经建有一座望蟾阁，乾隆帝明确指出"盖仿武昌黄鹤楼之制"，登此楼隔湖遥望万寿山，情形很像黄鹤楼隔着辽阔的长江远望对面的龟山（图5-04）。

　　昆明湖西北的一片水域比较狭长，中间有一座长岛，仿西湖孤山起名叫"小西泠"（图5-05），但这里的水面形状更像扬州的四桥烟雨。四桥烟雨是扬州瘦西湖上名景，水面由南至北呈狭长形状（图5-06），湖岸修筑亭榭楼阁，周围水道上点缀春波、长春、莲花、倚虹四桥（另一种说法以玉版桥代替倚虹桥），雨天景致尤其可观（图5-07）。清漪园的小西泠

（图5-03）元画《岳阳楼图》

（图5-04）宋画《黄鹤楼图》

一带也在南北两端分别修筑了一座亭桥和一座曲桥，再南则可以看见西堤六桥之一的桑苎桥（即现存的豳风桥），而且河道曲折，沿途设置码头、村舍，其构思无疑受到扬州四桥烟雨的启发。

　　这几处风景分别以无锡惠山大运河、岳阳洞庭湖、武昌长江和扬州瘦西湖的代表性景点为原型，再加上整体模仿的对象杭州西湖，清漪园几乎把天下最著名的江湖名胜都揽入园中，不愧为水景园的杰出代表。

　　在万寿山南坡偏西处有一个小园林叫"邵窝"（图5-08），名字很奇怪。这个"邵"指的是北宋大学者邵雍。邵雍早年曾经在河南辉县的苏门山隐居，把自己的住宅定名叫"安乐窝"，此宅背靠山峦，门俯山下清澈的卫水之源百泉湖。清漪园中修建邵窝正是为了摹拟安乐窝这个名人故居，同时暗示万寿山象征苏门山，昆明湖象征百泉湖。实际上这是一个独立的小园，设有前后两个小院子，东引垂花门，中间建了一座平台，台上是三间厅堂，格局很清雅，向南可以很方便地远眺昆明湖，视野开阔，在

(图5-05)清漪园小西泠

此似乎特别适合效仿当年的邵夫子,作些哲学思考。

杭州西湖的西南处名丁家山,其中有小景名叫"蕉石鸣琴"(图5-09),其石形如芭蕉,山间有泉水潺潺,声如鸣琴,因而得名,雍正年间浙江总督李卫在此修建了一座八角亭。乾隆帝南巡时游赏过这里,非常喜爱,故而也在昆明湖的西南仿建一座造型类似的亭子,起名叫"睇佳榭",还夸耀此处"不殊蕉石望明湖"。可惜这个亭子后来被毁掉了。

除此之外,前文提及清漪园中还在万寿山西侧和北侧分别沿水修建了一条买卖街,模仿的是江南的水街集市;后山的寺院须弥灵境则有很多模仿藏族建筑的佛殿和佛塔。万寿山东侧有一座惠山园,参照无锡寄畅园修建,对这处景点后文还会另作详细介绍。

清漪园中出现如此之多的摹拟景观,而且以江南的名胜为主,此中缘由自然与乾隆帝的南巡是分不开的。前文已经提到,乾隆帝前三次南巡都发生在清漪园的建设期间,这位狂热迷恋江南风光的皇帝随身携带着宫廷画师,每看到一处心仪的美景,都命令画师绘制成图,甚至有时候还令地方官制作模型呈送京师,留做日后修筑皇家园林的参考。这正是清漪园能够成功地模仿出不同景点的奥妙所在。

需要指出的是,所有这些摹拟景观虽然都有明确的参考原型,但绝非简单的抄袭照搬,而是经过精心构思的再创作。国画大师齐白石曾经说过,艺术创作贵在"似与不似之间"。拿这句话来形容清漪园中的摹拟景观也很恰当,这些景致尽管与各自的原型有很高的相似程度,但也不是一模一样、丝毫不差,每次模仿同样也考虑到自身的地形条件以及与全局的关系,在一定程度上进行灵活的变通,某些地方甚至比原型还要稍胜一筹,例如万寿山的山形经过修整后,就比西湖孤山更加沉稳大方。

这些摹拟景观成为清漪园的重要特色,就像古代诗文中经常运用的典故一样,让游者有似曾相识的感觉,引发联想,从而使得园林的意境一再得到拓展和升华。▲

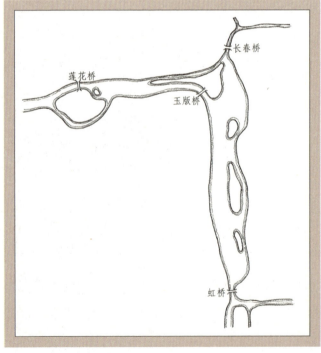

(图5-06)扬州四桥烟雨平面图

（图5-09）杭州西湖蕉石鸣琴

（图5-07）扬州四桥烟雨景象

（图5-08）邵窝设计图样

假山堆叠

清漪园的万寿山本身是经过改造的真山，同时在很多地方还特意加上完全由人工堆叠的假山。

中国古典园林最常用的假山材料分湖石、青石和黄石三大类：湖石又叫太湖石，颜色灰白，姿态最秀丽，上面有很多孔窍，最受江南园林推崇，清朝皇室也很喜欢这种石头，但不可多得，大多采用单块陈列的方式，还加上底座衬托，清漪园前山一些庭院里都放置着湖石山峰以作点缀，少数庭院用太湖石堆了规模不大的假山（图5-10）；黄石颜色发黄，体形敦厚，呈块状，在北方也不多见，万寿山前山和后山的一些局部假山就使用了黄石（图5-11）；北方园林最常用的是青石，清漪园相当数量的假山也都采用青石来堆叠，颜色偏于青灰，多数呈现片状，在所有石材中显得最为雄健刚劲（图5-12）。

清漪园中的叠石数量虽然不少，但用得都很精当，起到了以少胜多、画龙点睛的作用。万寿山本身是一座以土为主的真山，经过加高改造后山势更加巍峨端庄，而在佛香阁、须弥灵境等部位以大块黄石堆叠局部的假山，可以为山体增添壮伟的气韵（图5-13）。山脚也是堆石的重点部位，既可以起到挡土加固山体的作用，又可以强调山势变换的轮廓（图5-14）。山间突起的台地和临水的位置都以叠石形成陡峭的崖壁，还结合山径形成幽深的洞穴（图5-15）。假山之间经常夹有小径（图5-16），山道的转弯处

（图5-10）剔透玲珑的湖石假山

（图5-11）峥嵘的青石假山

（图5-12）敦厚的黄石假山

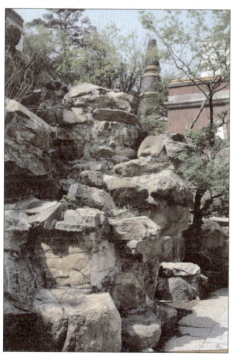

（图5-13）后山黄石假山

或许放置一块巨石作为对景，兼作登山路上的标志物。假山同时也起障景的作用，对景区进行分隔，显得层次更加丰富，例如玉澜堂后院的假山就把西面廊子遮住，只留下一个缝隙可以欣赏远处佛香阁的雄姿（图5-17）。

一些建筑的院落平地上完全用湖石或青石堆成小假山，例如宜芸馆门前、惠山园等处均有手笔不凡的叠石佳作（图5-18～图5-19）。很多建筑台基下的踏

（图5-14）山脚叠石

步都采用自然的石块代替，称作"云步"。

　　后溪河两岸同样利用开挖河道的土方进行了加高处理，特别是北岸紧靠宫墙的土山完全是新堆的，凹凸高低变化很多，与南岸的真山密切配合，好像是天然的丘壑一样（图5-20）。▲

（图5-15）假山山洞

（图5-16）假山夹道

（图5-17）从玉澜堂后院假山缝隙看佛香阁

(图5-18)玉澜堂后院的湖石假山全景

(图5-19)宜芸馆门前的湖石假山

(图5-20）后溪河两岸的叠石

巍巍城关

城关是清漪园中的特殊建筑，与地形配合，增加了雄浑的效果。

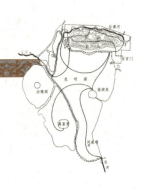

（图5-21）清漪园城关分布位置示意图

所谓城关就是模仿城墙、城门的建筑。清漪园中设有多处城关，颇有雄关漫道的气势（图5-21）。

园中城关比真正的关隘规模要小很多，下部都砌成城墙墩台的样式，台顶建有一排雉堞，再上面可以像城门那样建楼阁或厅堂，也可以建亭子，造型很丰富。清漪园的城关基本上都设在一些重要的关口位置，体现险要的地形特征，比如万寿山东面有"赤城霞起"城关扼守进入后山的通道（图5-22），西面的"宿云檐"把守另一条入山通道（图5-23），偏南一些的文昌阁位于东岸的南北方向的园路上，"通云"（图5-24）、"寅辉"（图5-25）二城关卡在后溪河买卖街东西两侧的山径上，其中寅辉（图5-26）的西侧紧邻一座小桥，桥下溪水流过，在此可俯瞰苏州街的繁华景象。"千峰彩翠"城关则位于山崖山脊之上，更有"一夫当关，万夫莫开"的气度（图5-27）。

（图5-22）赤城霞起城关

（图5-23）宿云檐城关

（图5-24）通云城关

（图5-25）寅辉城关西面

（图5-26）寅辉城关北面

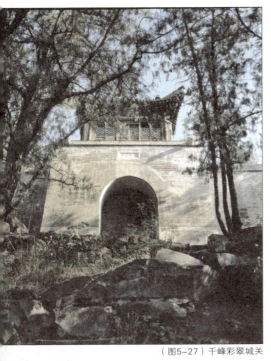

（图5-27）千峰彩翠城关

文昌阁是最有特色的一座城关，原为宫墙东端的起点，在城墙上建了一座三层的楼阁，平面呈"十"字形（图5-28），底层供奉文昌星君，上层供奉玉皇大帝，四角还另建了四座亭子以作陪衬，造型很生动，在夕阳的照耀下更加显出瑰丽的色彩。咸丰十年（1860年）被烧毁，光绪年间重建为二层楼阁，比原状减少了一层屋檐，高度有所降低（图5-29）。▲

（图5-28）清漪园文昌阁旧影

花木栽培

清漪园植物十分繁茂，在不同的地段表现出丰富的景观效果。

园林是人类亲近自然、拥抱自然的地方，充满了自然生趣的植物是其中不可或缺的要素。清漪园的植物极为繁盛，四季景色各有不同，与山水、楼台共同组成无数生动鲜活的画面。

清漪园修建之前的瓮山是一座有些荒芜的普通土山，没有多少像样的树木，旁边的湖面上倒是一直有很多荷花，河岸和堤上也种了一些柳树。在园林修建过程中，清廷花费了很大气力来补充种植各种树木、花草，形成欣欣向荣的花木盛景，使得整个地段的植被状态得到很大的改善。

全园的植物栽培充分考虑到不同地段的特点，针对湖面、堤岸、山坡和庭园分别采取了不同的植物种类，效果极其丰富。

昆明湖的湖上本来就有荷花，水面扩大后又加种了很多，夏天的时候大可与杭州西湖"接天莲叶无穷碧，映日荷花别样红"的胜景相媲美（图5-30～图5-31），也会让皇帝联想起西湖十景之一的曲院风荷。西堤以西的外湖上荷花的数量更多，船行其中，如入迷宫，红白莲花在绿色的莲叶照耀下分外妖娆，盛夏的时节高度远远超过人头，最高者可以达到一丈多（超过3米），因此乾隆帝《泛昆明湖观荷》诗中赞

(图5-30)昆明湖东部荷花

叹道："高下霞衣衬绿裳，微风香气满银塘。"顺便说一句，根据清宫档案记载，昆明湖每年都要出产不少莲藕，除了可以为园居的皇室提供新鲜的蔬菜原料之外，还经常拿到外面市场上去卖，得来的钱充入皇家内库，也算是因地制宜的增收途径。湖上除了荷花，还有成片的芦苇和蒲草，更添朴素的野水之感。

湖岸和长堤上主要沿路种植柳树，低垂的枝条轻拂水面，大有江南"杨柳春风"的诗情画意（图5-32）。为了在春季显得色彩更加丰富，西堤上在柳树之外又

（图5-32）湖岸垂柳

夹杂一些桃花,从而形成"桃红柳绿"的经典搭配。湖西侧的堤岸靠近"耕织图"景区,特意种了一些桑树,不但可以为春蚕提供桑叶,还有"处处桑麻"的乡村气息(图5-33)。另外中国古代园林大多喜欢把桑树和榆树种在西部,所以有个成语叫"失之东隅,得之桑榆",意思就是东边丢了,可以在西边找回来;位于西边的桑榆傍晚的景色最好,在夕阳的映衬下具有一种特别的温馨,所以人们又用"桑榆晚景"来形容老年的岁月。清漪园的桑树也同样构成了一幅美丽的晚景图画。

(图5-33)西岸桑树

(图5-34)前山柏树剪影

(图5-35)夕阳下的后山松树　(图5-36)后山松枝花影

(图5-37)后山油松

（图5-38）后山丁香花径

（图5-39）庭院中的白皮松

（图5-40）须弥灵境白皮松

（图5-41）春花烂漫

（图5-44）深秋景色

（图5-42）夏日浓荫翠荷

（图5-43）初秋景色

（图5-46）竹子

上篇·清漪篇

伍·清漪园的造园意境

北方冬季寒冷，落叶树都只剩下光秃秃的枝干，景象有些萧杀。为了弥补这个缺陷，清漪园在前山后山种植了大量的松柏，以保证四季常青，绿意不断。前山以枝干挺直的柏树为主导（图5-34），例如在庄严恢弘的大报恩延寿寺的内外空间种了成行的柏树，增加了严谨的气氛，而作为背景地段的其他山坡就把柏树和松树混合密植成林，郁郁苍苍的深绿色，与楼台建筑的白色石台基、绿色柱子、红色的墙面以及黄色的琉璃瓦、灰瓦对比强烈，一下子就把建筑衬托出来了。后山则以枝干形态自由的松树为主（图5-35），以柏树和其他落叶树、灌木配合，形成更富自然气息的山林景象（图5-36），有的山道还特意在两侧种植丁香，导出一条宜人的花径（图5-37）。这里的松树又做了更细致的划分，大片的松林都采用树冠庞大而青翠的油松（图5-38），而一些重点地段则种植比较稀罕的白皮松，有淡然优雅的特色（图5-39～图5-40）。

万寿山上的落叶树包括桃、杏、枫、槐树、栾树、柳树、楸树等等，很多至今都已经存活了两百多年，经常把山坡遮盖得严严实实。春天的时候山桃和杏花开放，颜色红白交错，最显生机（图5-41）；夏天是栾、柳的天下，枝叶茂盛，浓荫密布，加上水中的荷花，极有清凉爽净的感觉（图5-42）；秋天轮到枫树唱主角，红叶烂漫，栾树和楸树的叶子也由绿转黄，形成一片浓浓的暖色调（图5-43～图5-44）；冬天万木沉寂，只有松柏依旧苍劲地挺立在冰雪之中，保持着自然野趣（图5-45）。

清漪园中的平地不多，除了种一些树木之外，还种了不少竹子，好几个地方都通过小竹林来表现亮丽青翠的清幽别境（图5-46）。竹子很适合与小块山石组合在一起，在白墙的背景下变成一幅幅精致的国画小品。有的庭院中设置紫藤架，呈现出姿态遒劲的枝条和浓密的藤花绿荫（图5-47）。更多的院落中种植多种花卉，尤其喜欢牡丹、芍药、玉兰、海棠，春秋两季都有花团锦簇的效果（图5-48～图5-49）。院中树木一般不多，除了种一些松柏槐树之外，偶尔还出现梧桐之类具有江南特点的树木，体现了皇家园林兼收南北之长的风格（图5-50）。▲

(图5-45）冬季前山雪映松柏

（图5-47）乐寿堂侧院紫藤　（图5-48）邀月门前玉兰花

(图5-50)庭院树木

(图5-49)乐寿堂前海棠花

外围借景

清漪园通过精心的设计，把外围环境最美好的景物都揽入园中，达到内外交融的效果。

中国古典园林有一个非常重要的景观创作手段叫做"借景"。借景的重点在"借"，不是在自家范围内营造景致，而是通过精心的选址和角度安排，把园林范围之外的风景也纳入到自己的景观体系中，从而扩大视觉空间，使得有限的园林可以有多层次的远景作为依托。无论大规模的皇家园林还是咫尺庭院的私家园林都很讲究这种手段，而且根据不同的情况还可以区分仰借、俯借、近借、远借等不同方式。

清漪园本身的山水楼台已经美不胜收，但同样非常重视借景，尽可能地把外围的风光纳入园林图画中，达到更加丰富的效果。由于选址优越，清漪园东面距离圆明园、畅春园不远，西侧临近玉泉山，北侧临近红山口，周围还有大片的水田、村舍，更远处则是连绵的西山群峰，外围景观条件极好，因此园中的景点设置、建筑位置与朝向都充分考虑到向外围借景的因素，玉泉山和峰顶的宝塔成为很多风景画面中一个重要的点缀，正如乾隆帝的诗中所吟："蓄眼云山影荡摇，玉峰塔矗翠林标"；从昆明湖的西部到万寿山的后山都可以观赏红山口的两座山峰；登上万寿山的山脊，向东可以俯

（图5-51）昆明湖北岸望玉泉山

(图5-52)昆明湖东岸望玉泉山

瞰圆明园、畅春园和广阔的水田。全园的围墙主要设在万寿山的北侧以及东侧，昆明湖的东、南、西三面沿岸都不设围墙，内外联为一体，进一步强调与周围的山水、农田有着密不可分的关系。总体来说，就是几乎在全院园所有的开阔地段上都能够看到园外的景色，四面八方，高低疏密，各种远近风光都与园内景观相互渗透，浑然一体，达到天衣无缝的境界。广泛运用如此高明的借景手法，成为清漪园冠绝西郊的一个重要原因（图5-51～图5-56）。▲

（图5-53）昆明湖南岸望玉泉山

(图5-54)南湖岛望玉泉山

(图5-55)后山望玉泉山

(图5-56)从万寿山望东南方向

象证寓意

清漪园的景致不但是游赏的对象，同时也包含着复杂的象征寓意，分别隐含着皇权、重孝、崇佛、长寿等不同层面的思想内涵。

  历代皇家园林不但景象丰富，而且往往都含有复杂的象征寓意，以此表达皇权至尊、包容天下、儒家道德、仙境传说、神佛护佑、重农崇俭等主题，内容十分庞杂。清漪园的各个景点同样富有类似的思想内涵，超出了单纯的景观意义，耐人寻味。

  清漪园规模宏大，轴线明确，其中的主要殿堂楼台大多高峻轩敞，彩画富丽，和紫禁城一样都属于等级很高的宫殿建筑，显赫的气派远非官僚和百姓的私家园林可比，显示了皇权的至高无上。

  全园摹拟大量的各地名胜，除了营造优美的景致之外，同时也为了强调"万物皆备于我"的帝王思想，其思想根源正如《诗经》中所说的"溥天之下，莫非王土"。

  历代帝王都喜欢标榜"以孝治天下"的道德准则，乾隆帝弘历也不例外。他母亲孝圣太后钮祜禄氏在当年还是四皇子福晋的时候，就因为生了弘历这么一个宝贝儿子而被公公康熙帝预言为"有福之人"。太后的福气确实不小，享尽了乾隆盛世的荣华富贵，快六十岁的时候，弘历还不忘在西北郊的瓮山上修建一座大报恩延寿寺为她祝寿，并改山名为万寿山。这组具有特殊含义的佛寺成为清漪园最核心的建筑群，也把皇帝的孝心大大

（图5-57）耕织图

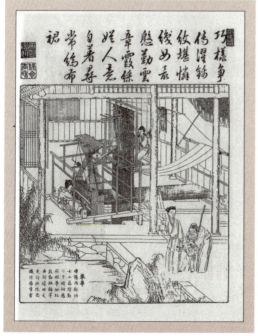

（图5-58）耕织图

地宣扬了一番。

昆明湖上有三座大岛，这种格局的象征含义更是由来已久。中国先秦时期就传说东海之上有蓬莱、方丈、瀛洲三座仙山，山上宫殿均以金银修筑而成，还有长生不死之药，很多仙人在此过着天堂一样的生活。战国时期齐威王、齐宣王、燕昭王均曾遣人入海寻求，后来秦始皇更是派遣徐福率领大量的童男童女去搜寻这些仙岛。结果当然是杳无音信，于是秦始皇就在渭水河畔的兰池宫中开辟水池，其中筑岛以摹拟仙山。到了汉朝，好大喜功的汉武帝同样热心神仙方术，在建章宫中挖了一个很大的水池象征大海，其中堆置三座岛屿以代表蓬莱、方丈、瀛洲三大仙山，形成典型的"一池三山"模式。这种模式被后来的历代皇家园林所继承，不断重复，到了清代更是屡次仿建，在承袭元明的中、南、北三海以及新建的圆明园福海、静明园玉泉湖中都设有三岛，而清漪园昆明湖中的南湖岛、藻鉴堂和治镜阁三个大岛也同样是"一池三山"模式的再次重现，代表着乾隆皇帝对神仙境界的向往。

清代皇帝崇信佛教，尤其尊奉西藏的喇嘛教，在紫禁城和许多皇家园林中都修建了大量的宗教建筑。清漪园中除了位于前山的大报恩延寿寺是一座大型寺院建筑外，还在万寿山的北坡上修建了一座藏式风格的佛寺须弥灵境，成为后山区的主景。除了这两座完整的寺院之外，全园还有一些小寺庙，很多殿堂都设有佛堂或者陈设佛像，还有一些祠庙建筑分别供奉文昌帝君、关帝、龙王、蚕神、五圣等神灵，使得山水之间到处弥漫着一股浓烈的宗教气氛。这些带有祭祀

（图5-59）耕织图

功能的景点的创建目的除了借宗教建筑的特殊造型来为园景增色之外，还含有祈求神佛庇佑的强烈愿望。

中国古代社会以农业生产为经济的根本，稍为开明一些的皇帝都对农业很重视。清代皇帝虽然来自关外，入关后倒也时刻以农耕为念，经常在圣旨和诗文中表达重农思想，也不时在一些皇家园林中特意设置一些农田或者菜圃，以示对农业生产念念不忘。清漪园周围有很多水田，乾隆帝倒并没有在园内再开辟田圃，而是别出心裁地在昆明湖的西岸的延赏斋中设置一系列石碑，碑上刻有全套的《耕织图》，还把内务府的织染局搬迁到这里，以提倡男耕女织的经济观念（图5-57～图5-60）。

昆明湖东岸有一座铜牛（图5-61），与西岸的《耕织图》遥遥相对。乾隆帝有一句诗说"昆明汉池不期合"，又透露出其中蕴涵的历史典故。原来汉武帝在上林苑昆明池的东西两面设置两个石人，一个代表牵牛星，另一个代表织女星，而昆明池就象征着天上的银河。乾隆帝在清漪园的昆明湖两岸分别设铜牛和《耕织图》石刻，显然也是受到汉代昆明池的

（图5-60）耕织图

启发，所以他说是"不期而合"。在这里也借牛郎织女的神话传说把园景与天象星辰联系在一起。

清漪园中还有一些成对出现的景点含有特殊的象征意义。比如万寿山东端的一座文昌阁

（图5-61）昆明湖东岸铜牛

城关上供奉文昌帝君，西端的宿云檐城关则供奉关圣帝君，取"文武双全、辅弼君王"之意。昆明湖南湖岛上本有龙王庙，其南小岛凤凰墩上建有凤凰楼，或有龙凤呈祥的含义。▲

水陆游线

清漪园的水上游线和陆路游线各有精彩，互为补充，令人流连忘返。

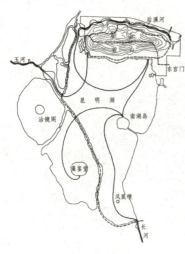

（图5-62）清漪园水陆游线示意图

清漪园有山有水，既可步行游览，又可乘船观赏，形成了水陆两套完整的游园路线（图5-62）。

陆上游览路线主要围绕万寿山展开，前山一段沿着一条一千多米的长廊行进，长廊的柱子、上楣、坐凳构成一幅幅连续的景框，宜于以平视的角度观赏南侧的昆明湖和湖上岛屿；山脊上也有一条游路，除了可以居高临下俯视昆明湖之外，更可以向东远眺圆明园、畅春园等位于平地的园林以及水田，向西则可以遥望玉峰塔和西山，视野更为开阔；后山上开辟了第三条游路，从深山茂林中曲折穿越，最为幽静，其间没有太多的远景可观，却每隔一二百米就有一个高低不同的景点出现在眼前，令人目不暇接。沿昆明湖东岸、南岸以及西堤形成第四条陆上游线，主要在广阔的湖上或水边行进，可令游者大有心旷神怡之感。这几条游路又彼此交叉，共同组成完整的路径系统。

相比而言，清漪园的水路游线更加丰富多彩。昆明湖南接长河，北通玉河，与玉泉山、圆明园、乐善园等其他御苑一脉相通。乾隆皇帝来此游览，常常乘船往来。园中专门供皇室乘坐的御舟有八九条之多，而且还分别起了"镜中游"、"芙蓉舰"、"万荷舟"、"锦浪飞凫"等好听的名字，其中有一艘喜龙舟，根据宫廷档案记载，船身长43.2米，宽10.5米，陈设极为豪华。这些船只大多由内务府样式房建筑匠师负责设计，穿梭水上，犹如活动的亭榭，也给山水增色不少。

清漪园的前山和前湖的建筑大多临水而建，更宜于坐船从水面上欣赏，昆明湖湖中的几个岛屿大都孤立水中，也只有乘船才能抵达。沿岸设置了很多码头，很方便随时登陆或者回船。

乾隆帝关于清漪园的诗有很多都在描绘乘船游赏的感受和不同的线路变化，乾隆年间主要的水上游线大概可以分为四条。

起点一条是从柳树夹岸的长河穿过昆明湖南端的绣漪桥，途经南湖岛，来到东北岸的水木自亲码头，主要沿着东岸向北走，逐渐靠近万寿山，感觉是经过漫

（图5-63）荇桥

长的河道铺垫而进入宽阔的大湖，所以乾隆帝在《自高梁桥泛舟进万寿寺至昆明湖作》诗中说："夹岸轻笼绿柳阴，进舟川路霁烟沉。……近耽湖上风光好，雨后空明尽畅吟。"

第二条是从水木自亲码头沿着北岸向西走再向北拐，在后河西端的绮望轩码头登陆，乾隆帝把这条线称为"山阳放舟山阴泊"。

第三条游线从长廊西端的寄澜堂码头开始，先向南驶，然后向西穿过西堤的玉带桥，再折入玉河，可一直去往静明园，乾隆帝在《泛舟玉河至静明园》诗中形容为"玉带长桥接玉河，雨余拍岸水增波"。这段水道最近似江南水乡的意境，岸边的农田和竹篱村舍更增添了素雅的趣味，所以乾隆帝还有一句诗描绘这种景致为"水村迎面趣清超"。

第四条游线始于绮望轩码头，主要沿着后山狭长的后溪河行进，南岸为青山，北岸为宫墙与叠石，水道曲折开阖，变化多端，沿途点缀少量亭台，经常有山重水复、柳暗花明的感觉，是一条最为特殊的水路游线。

清代宫廷有一种档案叫做《穿戴档》，专门记录每

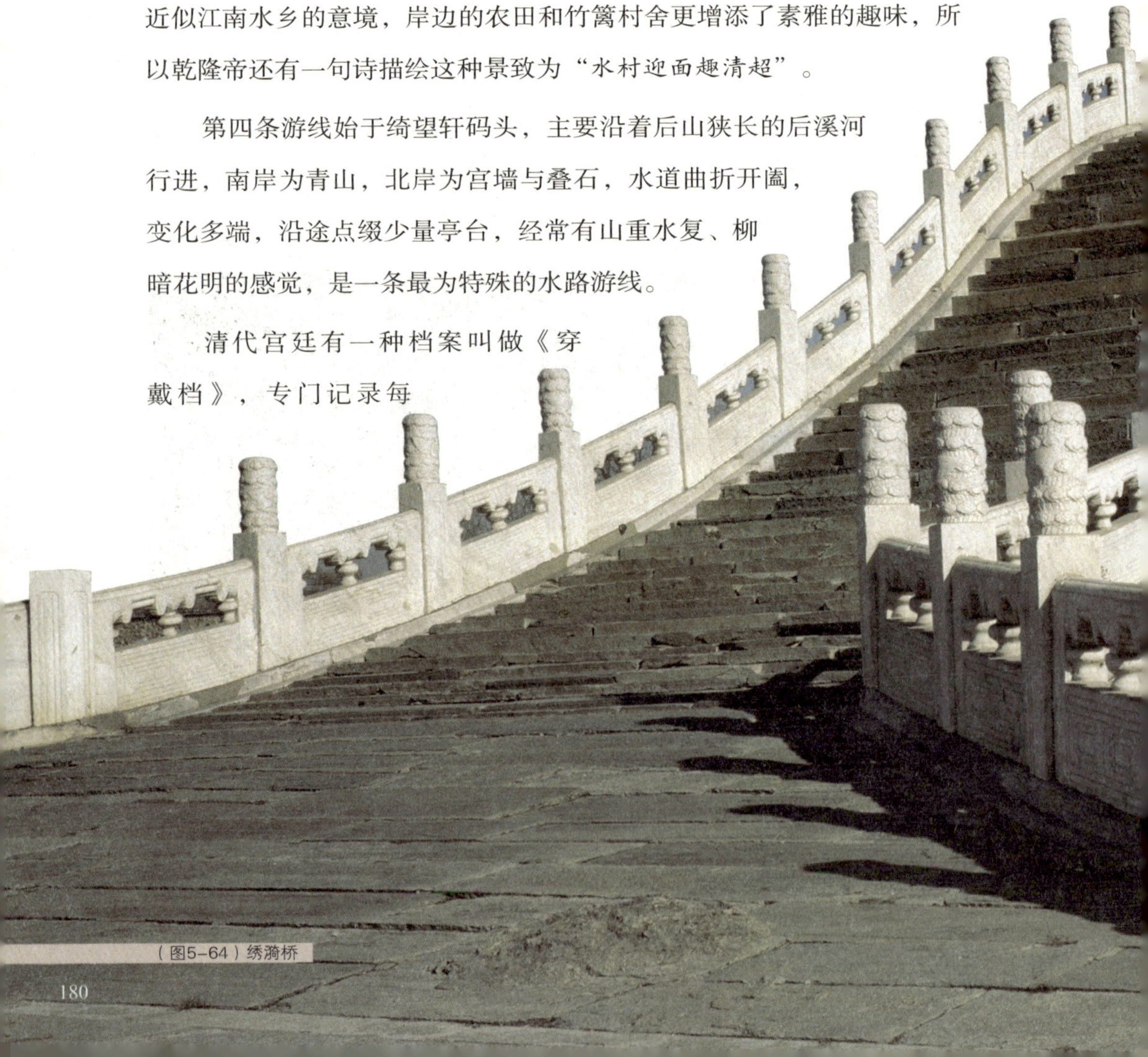

（图5-64）绣漪桥

天皇帝的详细行踪，包括每去一个地方采用何种交通方式、具体做什么事以及穿什么衣服，可以让我们比较真切地了解皇帝的生活细节。比如乾隆二十一年（1756年）的《穿戴档》就多次记录了乾隆帝去清漪园游玩的过程。当时园林工程已经完成大半，但还没有彻底完工，乾隆帝过来不光是为了玩，有时候也为了视察工程的进展。从这一年的档案记载来看，皇帝去清漪园基本上都是从圆明园出发，有时坐船，有时坐轿子，有时水陆两路换乘，偶尔还在清漪园吃早饭、办公、拜佛，比如十一月十五日的档案就这么记着："乘四人暖轿出藻园门，至万寿山进早膳、办事毕，仍乘轿至大报恩寺拜佛，游行毕，仍从旧路回来。"也就花了半天时间，行程还挺紧凑。

由于水系复杂，清漪园中的桥梁数量很多，可分为石拱桥、石平桥和亭桥三类，除了前面提到过的十七孔桥、西堤六桥之外，还有石舫附近的荇桥（图5-63）、最南端的绣漪桥（图5-64）等名桥。水上游览的时候经常从桥洞中穿越，也进一步增加了观景的乐趣。▲

下篇 颐和篇

陆 颐和园重建过程与历史背景

乾隆以后的清漪园逐渐衰败，咸丰十年（1860年）遭到毁灭性的破坏。光绪年间慈禧太后再次以祝寿的名义重建此园，并更名为颐和园。颐和园的重建费用究竟花了多少两银子？样式雷留下的图纸透露了古代能工巧匠怎样的杰出才智？光绪年间的颐和园又是怎样的一个政治舞台？且看本章分解。

御苑沧桑

乾隆之后，清漪园和大清王朝一样盛极而衰。咸丰十年英法联军的焚掠留下了一片疮痍。

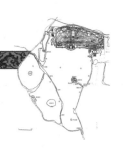

（图6-01）咸丰十年（1860年）清漪园焚后残迹

乾隆帝是中国古代最长寿的皇帝，一共在位六十年之久，而且退位后又接着当了三年太上皇。他后半生的四十多年中始终把清漪园视作自己最成功的园林杰作，钟爱有加，万寿山和昆明湖也到处留下了这位风流皇帝流连的足迹。

乾隆之后的嘉庆和道光两个时期清漪园基本上保持原样，很少改动。主要的变化是嘉庆帝曾下旨拆除了南湖岛上那座模仿武昌黄鹤楼的望蟾阁，改建了一座涵虚堂。道光初年，皇帝的后妃们生了不少公主，数量明显多于皇子，有人提出是因为昆明湖上的凤凰墩影响了皇家风水，特别旺女而不旺男，不利于王朝气运，于是道光帝就下令把凤凰墩上的楼阁建筑全拆了。此举也许还真的管用，后来道光帝确实又添了几个儿子。可是大清王朝的衰微之象已经越来越明显了，国家财政日益困难，讲究节约的道光帝下旨撤除三山行宫的所有陈设，其中自然也包括清漪园在内。园中的山水建筑虽然依旧维持着，但园景逐渐有颓败的趋势，皇帝来游玩的次数也越来越少。

咸丰时期国势更加恶化，危机在咸丰十年（1860年）达到顶峰。当年九月，英法联军入侵北京，咸丰帝带着后妃仓惶逃到热河避暑山庄。十月，强盗们做出了一个震惊世界的决定：抢劫并焚烧圆明园以及其他西北郊的皇家园林。在这场滔天大火中，清漪园和圆明三园、畅春园、静明园、静宜园一起，遭到极为惨重的破坏，除了少数建筑、景点幸存之外，绝大多数都被焚掠殆尽。为此晚清著名学者王闿运做诗感慨说："玉泉悲咽昆明塞，唯有铜犀守荆棘。青芝岫里狐夜啼，绣漪桥下鱼空泣。"此情此景，和乾隆帝诗中所描绘的"碧光镜中拖曲堰，绿云丛里出高楼"盛况形成了惨烈的对照（图6-01）。▲

万寿献礼

慈禧老佛爷决定重建颐和园,以此作为归政后"颐养冲和"的享乐天堂。

同治年间,两宫太后垂帘听政,虽然依旧面临重重的内忧外患,但由于朝廷一度能够重用汉族大臣,颁布了一些开明的政策,开展洋务运动,并攻克太平天国首都江宁,国势似乎稍为缓和,号称"同治中兴"。在此背景下,最高统治者又动起重建被毁的皇家园林的念头,想把圆明园先恢复起来,为了筹集材料,还拆除了清漪园中的部分残存建筑。不过毕竟圆明园工程预算太过庞大,国库难以应付,王公大臣纷纷反对,导致重建工程不久就停止了。

到了光绪年间,大权在握的慈禧太后(图6-02)仍然处心积虑地寻找机会重建皇家园林。这次她把目光落在清漪园身上。当年乾隆帝修建清漪园的时候,有三个主要的借口:治水、训练水军、为太后祝寿。这个时候水是不需要再治理了,慈禧决定借用后两个理由,以名正言顺地展开清漪园的重建工程。

在当时的历史背景下,清廷屡次被西方列强的坚船利炮打败,所以一些洋务派的官员痛定思痛,便热心倡导建设一支强大的现代海军,朝廷也在光绪十一年(1885年)成立了专门的海军衙门,由光绪帝的亲生父亲醇亲王奕譞担任总理大臣,庆亲王奕劻和直隶总督、北洋大臣李鸿章、正红

（图6-02）慈禧太后像

(图6-03)海军衙门官员(中央为醇亲王奕譞 右为北洋大臣李鸿章 左为正红旗汉军都统善庆)

旗汉军都统善庆等人做副手（图6-03）。聪明的慈禧太后很快就把海军建设与清漪园重建拉上了关系，宣布于光绪十二年（1886年）开始，恢复当年乾隆帝始创的昆明湖水军操练，还在西岸"耕织图"旧址设立了一个水操内学堂。既然水操恢复了，理所当然就需要对万寿山的一些楼殿建筑进行重修，以"恭备皇太后阅看水操"，于是大报恩延寿寺旧址上立刻就开始了大规模的施工。

慈禧太后当然也知道，凭借水军操练这个掩耳盗铃的借口就大肆建园，实在难以服众，于是又以光绪帝的名义提出了弘扬孝道、为太后颐养祝寿的新理由。光绪十四年（1888年）二月，皇帝颁布上谕，大概的意思是说清漪园万寿山的大报恩延寿寺本来就是乾隆皇帝为他母亲孝圣太后三次贺寿而建，体现了君王的纯孝之心，为我们这些后代作出很好的榜样，因此我决定效仿祖宗，对清漪园的建筑进行适当的整修，以备皇太后临幸，并作为太后六十岁万寿庆典的举办场所。同时宣布把清漪园改名为颐和园，以强调太后"颐养天年"、"乐寿冲和"的寓意。从此，这座饱经沧桑的名园以"颐和园"这个新名字而著称于世。

这次重建工程的理由冠冕堂皇，因此没有遇到强烈的反对。工程大概一直延续到光绪二十年（1894年）才基本完成。这一年正是慈禧老佛爷的六十寿辰，却爆发了中日甲午战争，中国北洋水师全军覆没，筹备已久的颐和园万寿庆典并未举行。

颐和园重建的总费用没有明确的档案记载，但肯定超过了五百万两白银。这个数字与乾隆时期清漪园的最终销算总额四百四十八万多两相差不远。但此时国家的景况根本无法与乾隆盛世的富足相比，这些钱也不是出自内库，而是直接挪用了海军建设经费，甚至醇亲王奕譞领导的海军衙门也成了颐和园工程的总指挥所，把殿堂楼阁的招标、验收工作当成凌驾于军事建设之上的头等大事来抓，成为日后北洋水师溃败的重要原因。慈禧为了个人的享乐而不惜影响国防大计，留下了千载骂名。▲

恢复改建

重建的颐和园基本上继承了清漪园的整体格局,但在很多地方也做了改动。

(图6-04)光绪时期颐和园平面图

重建之后的颐和园成为西北郊仅存的唯一完整的皇家园林,虽然仍然大致保持原来清漪园的规模和格局,但地位大大提高,不再是三山行宫之一,而是成为皇帝和太后长期居住、理政的离宫,功能相当于康熙时期的畅春园和雍正——咸丰五朝的圆明园。

颐和园基本上是在其前身清漪园的遗址上复原而成的结果,原有的山水格局没有变化,少量残留的建筑依旧保留,大量的建筑在原有的台基上按照原样复建(图6-04)。但细节上也有不少变化,主要的改动包括对戏楼等少数建筑做了扩建,原来的一些楼阁、殿堂、亭榭根据新的功能改建为不同的形式,又在东部的一些空地上见缝插针增添了不少辅助房屋。好几处两三层的楼阁复建后盖成了平房，显得平淡了许多。

当然，也有很多清漪园时代的景点没有得到恢复，只留下残基供后人凭吊。为了加强安全保卫，昆明湖的东、南、西三面增加了宫墙围合，削弱了原来内外交融的特色。加上周围其他御苑已经被毁，颐和园的借景条件明显不如当年的清漪园。

园中功能变化最大的是宫廷区。当年乾隆帝所设的勤政殿、乐寿堂、玉澜堂等建筑基本上是象征性的摆设，使用频率很低，但光绪时期皇室需要长期在此生活居住、理政，宫廷区的重要性大大提高，勤政殿改名仁寿殿，成为离宫正殿，同时还为军机处等核心政府机构都设置了值房，俨然成为紫禁城之外的第二政治中心。

乾隆时期奠定的水陆两套游线系统也仍然保留，当年的御舟早已无存，因此重新打造了八条专用游船，太后坐的叫"镜春舻"，皇帝用的叫"水云乡"，皇后乘的叫"卫凤"。较有新意的是李鸿章专门进献了两条德国制造的小火轮，分别叫"翔云"和"翔凤"。这种先进的洋玩意当年乾隆皇帝可没有享受过，为此颐和园还专门设了一个轮船公所来负责这两条轮船的维修工作。同时，园中主要殿堂的窗户上都安装了当时还比较稀罕的玻璃，室内还装有同样由德国进口的全套电气照明设备，为此园中又设了一个电灯公所。可见，慈禧她老人家在享乐方面一点都不落后，基本上都能赶上国际最新潮流。

综合而言，重建后颐和园大体上继承了清漪园的精华部分，但并非全部，外围环境也有变化；新园根据需要作了若干细节改动，但普遍逊色于乾隆时期的艺术水准。由此可见，作为晚清末世御苑杰作的颐和园，只是大清王朝园林史上的一次回光返照，难以与康乾盛世相提并论。▲

巧匠杰构

颐和园重建工程留下了不少珍贵的样式雷图纸，古代工匠的巧思令今人惊叹。

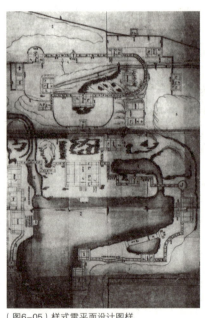

（图6-05）样式雷平面设计图样

说到颐和园的重建工程，不能不提到清代一个著名的建筑匠师家族"样式雷"。这个雷姓家族的始祖雷发达本是江西人，康熙年间进京参与畅春园工程，成为著名工匠，后来其子孙世代在内务府样式房供职，故而有"样式雷"的美称。样式雷在二百多年的时间里主持设计了大量的皇家建筑和政府建筑，包括宫殿、御苑、王府、衙署、城门等等，无论是乾隆时期的清漪园还是光绪时期的颐和园，其中的殿阁亭台也都出自样式雷的手笔。

关于清漪园时期的样式雷图大多已经难以寻觅，但光绪时期重建的图样还有很多保存在中国国家图书馆，是一份极其宝贵的古建筑设计资料，展现出

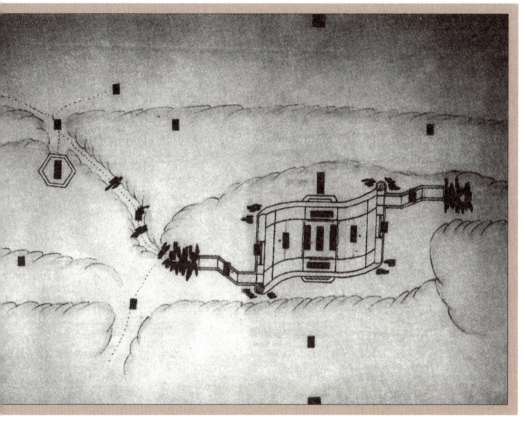

（图6-06）福荫轩书页式平面

古代能工巧匠杰出的才智。

颐和园的样式雷图分不同类型，画得都很精致，上面大多注着尺寸，其科学和严谨的程度与今天的建筑工程图纸非常接近（图6-05）。特别是一些建筑虽然作了设计，但并没有建成，幸存的图纸可以告诉我们很多当初的构思情况和设计意图，其中有一些造型很特殊的小建筑，很是引人遐想。比如曾经计划修建一座名叫福荫轩的三间小书房，就曾经被设计成弯曲的书卷形平面，想法大胆超前，简直有点像后现代时期的作品了（图6-06）。还有一座昙花阁，平面被设计成六角昙花的形状（图6-07），外面还加了一圈同样采用昙花形的围墙，极为别致，可惜后来没有按照这个式样来建。

这里顺便可以提及一个有趣的说法。几年前北京有位园林爱好者通过仔细琢磨颐和园的平面图，突然有一个特别的发现，就是感觉昆明湖的形状很像是一个倒过来放的寿桃，而万寿山上中央的建筑群平面轮廓则像一只展开翅膀的大蝙蝠。这位朋友联想到颐和园的前身清漪园的修建原因之一是为乾隆帝之母孝圣太后钮祜禄氏祝寿，而重建的颐和园是专供慈禧太后颐养天年的场所，都含有为太后祈福贺寿的意思，由此推断万寿山、昆明湖的分别借用蝙蝠和桃的形状来隐喻"福寿"二字。这种推测不无道理，但至今没有找到任何文献证据可以确切证明这个说法，在此只能先聊备一说。▲

（图6-07）光绪时期昙花阁重建设计图样

戊戌庚子

光绪时期的颐和园是紫禁城之外的第二政治中心,是许多重要历史事件的见证。

从尚未完工的光绪十八年(1892年)开始,慈禧太后就频繁光顾颐和园,并住在园中的乐寿堂。这个时候光绪帝名义上已经"亲政"(图6-08),至少表面上还能保持一点点独立的尊严,有时也陪同太后住在园里,有时请过安就回城里了,独自在紫禁城养心殿居住、理政。到了光绪二十二年(1896年)正月,军机处、南书房等部门正式迁到颐和园,皇帝和太后在园中办公、居住的天数明显增加,经常在此举办大型宴会,还在此接见外国使者。最重要的仪典活动是园中先后举办过三次太后万寿庆典。

光绪二十四年(1898年)发生了著名的戊戌变法,颐和园堪称这一历史事件的重要见证。当年四月二十三日,光绪帝在颐和园仁寿殿接见了维新派的领袖康有为,被康氏慷慨激昂的主张所打动,从而任命他担任官职,开展轰轰烈烈的变法活动。这段时间一直住在颐和园的慈禧隐藏在幕后,却秘密地与保守派大臣多次密谋,阻挠新政的实施。陷入困境的维新派一度决心铤而走险,想游说掌握兵权的袁世凯发兵围住颐和园,迫使慈禧彻底放权。最终软弱幼稚的皇帝和急躁冒进的变法志士们功败垂成,无论是颐和园还是全中国,都依旧是慈禧太后的天下。

变法失败之后,戊戌六君子被杀害,慈禧太后宣布重新开始"训

(图6-08)光绪皇帝画像

(图6-09)光绪二十六年(1900年)八国联军占领期间的颐和园(日本建筑学家伊东忠太所摄照片)

政",光绪帝彻底沦为傀儡,生活行踪也完全被慈禧控制,基本上是慈禧往哪里,皇帝就必须像影子一样跟到哪里。光绪帝在颐和园的住所玉澜堂和两侧厢房原本开敞的后廊都用砖封砌起来,弄得就像一个高级牢房,以限制他自由活动。在生命最后的十年中,光绪帝断断续续在这里郁闷地度过不少时光。在同样一座园林中,曾经绚烂的理想化为泡影,理应乾纲独断的皇帝沦为囚徒,戏剧般的历史事实足以让后人欷歔不已。

颐和园的劫难并未全部结束。光绪二十六年(1900年)的庚子之乱导致八国联军的入侵,太后和皇帝又一次仓惶出逃,这次是逃往西安。于是御苑再度陷入侵略者的铁蹄,俄国、英国和意大利的军队相继驻扎在颐和园中,盘踞了一年多(图6-09)。万幸的是这次强盗们没有像四十年前那样纵火焚烧,但是园中的家具陈设依然被抢掠一空,建筑也遭到不同程度的破坏。

两年后,太后和皇帝回到北京。慈禧立刻下旨重修满目疮痍的颐和园,并且于光绪二十九年(1903年)在园中举办了最后一次万寿庆典。这一年,慈禧已经接近七十岁,五年后就与光绪帝几乎同时病死。大清王朝的皇位传到一个三岁孩子的手里,光绪帝的遗孀隆裕皇后升格为太后,继续垂帘听政。此时清朝已经濒临灭亡,皇室躲在紫禁城中惶惶不可终日,再也无心游赏颐和园了。

1911年辛亥革命爆发,次年清廷正式宣布退位。当时签订了一个《清室退位优待条例》,不但允许末代皇帝溥仪保留皇帝尊号、继续住紫禁城,而且颐和园仍算是皇室财产,强调等到合适的时机,皇室将会从紫禁城移居颐和园。1924年冯玉祥发动兵变,溥仪被驱逐出宫,颐和园与故宫一起都被收归民国政府所有,改为公园。但那时的颐和园疏于管理,久未整修,景色凋零,成为西郊一处人迹罕至的地方。直到解放后颐和园经过多次维修,才重新焕发光彩。▲

柒 颐和园的帝后生活空间

颐和园是光绪时期皇室的重要生活场所，超出了普通园林的意义。外朝大殿承担了怎样的功能？太后、皇帝和后妃的寝宫如何分布？其中又隐藏着怎样的玄机？德和园大戏楼如何表演大型神话剧？且看本章分解。

仁寿大殿

作为颐和园最重要的朝仪大殿,仁寿殿是紫禁城太和殿的缩影。

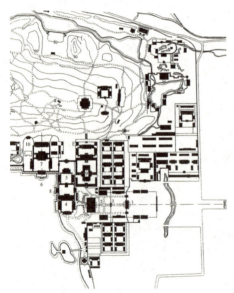

1 东宫门 2 仁寿门 3 仁寿殿 4 玉澜堂 5 宜芸馆
6 水木自亲 7 乐寿堂 8 夕佳楼 9 德和园 10 扬仁风

(图7-01)颐和园宫廷区平面图

现存的颐和园的大多景点都经过光绪时期的重建和重修,殿堂建筑的功能也发生了若干的变化。其中最重要的变化就是宫廷区真正成为皇室举行仪典、处理政务和日常生活的重要场所(图7-01)。

颐和园的正门东宫门依旧朝东(图7-02),三间板门上布置着最高等级的九九八十一颗铜钉(图7-03),左右放置一对铜狮子(图7-04),门前有一座影壁,再东面有一条弯弯的金水河,河的东面则竖立了一座大型牌坊。金水河上曾经架设过三座汉白玉的拱桥。去过故宫的人应该记得,天安门和太和门的前面都有类似的河和桥。皇家园林作为

（图7-02）颐和园东宫门

(图7-03)东宫门上的版门

(图7-04)东宫门前铜狮子

宫殿的一种类型,入口常常采用与紫禁城相同的模式,以强调皇家的尊严。

整个外朝部分都呈东西向,有一条完整的中轴线。东宫门外设有南北朝房,门内设有两排九卿办公用房,大臣们经常在这里等候召见。再进入一道名叫"仁寿门"的牌坊式二门(图7-05),就来到外朝区的主庭院。院子正中是一座七间大殿,屋顶采用歇山式样,这就是由乾隆时期的勤政殿演变而来的仁寿殿(图7-06)。仁寿殿是颐和园的正殿,地位最高,相当于紫禁城的太和殿,室外台基上放着四个铜香炉以及铜鹤、铜龙各两座(图7-07),室内设有宝座,室内高挂着九块匾额,其中宝座上空的那块最为显眼,写的是"寿协仁符"四字,意思是符合"仁寿"的定义(图7-08~图7-10)。"仁寿"两个字出自《论语》,原话是:"仁者乐山,智者乐水。仁者静,智者动。仁者寿,智者乐。"在这里统治者以爱山的"仁

(图7-05)仁寿门

者"自居，以希望得到长寿永安。大殿内的宝座很宽，当年太后与皇帝并坐于此接见大臣，慈禧太后坐在中央，光绪帝反而畏畏缩缩地坐在旁边。

庭院中种植成行的松柏，显得气氛比别处庄严一些。院子里还分散布置着几块秀丽的湖石，却是从残破的圆明园和其他王府花园中移来的（图7-11）。

仁寿殿和东宫门外围还有不少辅助房屋，安排军机处、六部公所、奏事房等办公用房和值班住宿用房。不过由于空间有限，而且有些房间中堆放着许多杂物，以至于当年在此办公的官员抱怨地方不够用，晚上的时候更有人无处可住，只好去周围的一些王公花园寻求借宿。

清廷在每年正月的时候要举办一种"廷臣宴"，就是专门宴请一二品的顶级大臣，以示优待。颐和园仁寿殿重建完成后，经常成为举办廷臣宴的地方。这是一种仪式性的宴会，吃饭、喝酒都是装装样子，旁边还有专门的奏乐。

晚清在列强的枪炮威逼下，清廷无法再像早先那样一味闭关自守，被迫加强了与外国的交往。颐和园是重要的一处外交场所，其中发生的比较重要的一次外事活动是光绪二十四年（1898年）四月二十五日太后和皇帝对德国亲王亨利的一次接见。当时的情形大致如下：亨利坐轿子在二十四名士兵的陪同下一直进入东宫门（图7-12），军机大臣前往迎接，安排他们在仁寿殿的南配殿等候，接着传亨利去乐寿堂见慈禧太后，再去玉澜堂见光绪帝，随后光绪帝陪亨利一起步行回到南配殿向随行的德国兵士表示慰问，这些兵士还在皇帝面前表演了举枪、击鼓、拔刀的仪式，表示致敬。接见结束后皇帝退回玉澜堂，改由庆亲王奕劻等大臣领亨利坐船游南湖岛上的龙王庙。

慈禧太后经常在颐和园接见各国公使的夫人，并合影留念（图7-13）。颐和园中举行的这类活动一般都是非正式的，环境气氛要宽松、随便一些。▲

（图7-06）颐和园仁寿殿位置示意图

（图7-07）仁寿殿

（图7-08）仁寿殿明间大门

（图7-09）仁寿殿室内

（图7-10）仁寿殿屋顶天花

（图7-11）仁寿殿前院落中的湖石陈设

（图7-12）德国亨利亲王乘轿前往颐和园

（图7-13）慈禧太后在颐和园接见外国公使夫人

玉澜宜芸

玉澜堂是光绪帝的寝宫，宜芸馆是皇后的寝宫，规模不大却比紫禁城更为敞亮舒适。

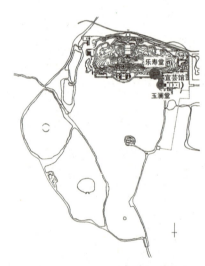

（图7-14）颐和园内寝区位置示意图

仁寿殿的后面有一座大假山，把后面的景物遮住了。从山间的一条弯曲的小径转到西边，就来到内寝区域（图7-14）。内寝区域改为南北朝向，其中最南一组庭院就是玉澜堂和宜芸馆。

玉澜堂在乾隆时期只是一组不重要的庭院，皇帝偶尔在此办公或者吃饭，但在光绪时期成为皇帝的正式寝宫。其中的正殿悬挂"玉澜堂"匾额（图7-15），两侧的厢房分别叫霞芬室（图7-16）和藕香榭。后院建了一座两层的楼房"夕佳楼"（图7-17）。因为庭院的西侧就是浩淼的昆明湖，波澜明净，荷藕清香，而且傍晚时分可以看见夕阳晚霞，这些殿堂和楼阁的名字都在描绘这种景观特征。读过《红楼梦》的

（图7-15）玉澜堂

朋友也许记得大观园中也有一座藕香榭,是一座盖在水池中央的水榭,贾府有时候在榭中唱戏,观众隔着水欣赏。这里的藕香榭只是一座普通的西厢房,因为临近湖岸而略有水榭的意趣,与《红楼梦》的藕香榭只是凑巧同名而已,二者并无关联。榭上有一副对联"台榭参差金碧里;烟霞舒卷画图中",正是其后窗观景画面的真实写照。

玉澜堂是五间殿宇,前后又分别凸出三间,这种形制在古建筑中称作"抱厦",可以扩大建筑的室内空间。殿内也设有皇帝的宝座,靠近后窗位置,有时候光绪帝就在这里召见亲信大臣(图7-18)。他的老师翁同龢有一次在这里参见皇

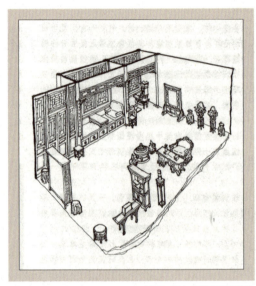

(图7-16)霞芬室室内陈设

(图7-17)夕佳楼与藕香榭(左侧的夕佳楼与右侧的藕香榭都临水而筑)

帝，回去后在自己的日记中称赞玉澜堂的室内非常宽敞，光绪帝也亲口向他表示"此堂明爽胜宫中"。"宫中"指的是大内紫禁城，在那里皇帝的寝宫兼办公室是养心殿，空间比较局促，相比之下玉澜堂反而显得更敞亮一些。

玉澜堂的后面紧接着的两进院子就是宜芸馆（图7-19）。"芸"是一种香草，可以插在书中防止虫蛀，所以古代也把书籍称作"芸编"，乾隆时期的宜芸馆是一处书房，所以起了这个名字。光绪时期把这组庭院用作隆裕皇后的寝宫。隆裕是慈禧太后的侄女（图7-20），光绪帝很不喜欢她，两座寝宫虽然紧挨着，却对于改善这对夫妻冷淡的感情没有起到任何作用。

宜芸馆庭院东边的屋子是光绪帝另一妃子瑾妃（图7-21）的住所。瑾妃的妹妹珍妃曾经是光绪帝最心爱的妃子，据说八国联军侵华那一年被即将离京的慈禧下令投入紫禁城的一口水井。可惜今天已经无法考证当年珍妃在颐和园中究竟住在哪里，不过按情理推断也应该在宜芸馆的院子里。▲

（图7-18）光绪帝照片

(图7-19)宜芸馆

（图7-20）隆裕皇后照片

（图7-21）瑾妃照片

太后寝宫

乐寿堂是颐和园最大的寝殿,慈禧太后在此起居生活。

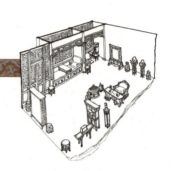

　　清漪园时期的乐寿堂就按照寝宫来设置的,乾隆帝曾经打算退位当太上皇以后经常来住住。光绪时期的乐寿堂仍然按原样重建,而且用作慈禧太后的寝宫。

　　乐寿堂院落的南侧临水建了五间门殿(图7-22),名叫"水木自亲",门前就设有码头,平时慈禧太后可以直接在此上下船。中央的正殿就是乐寿堂(图7-23),规模比玉澜堂和宜芸馆都要大得多,一共有七间,周围带一圈廊子,前后分别伸出五间和三间抱厦。廊前的柱子上挂着一副对联,上面写着"亿载诒谋德超千古;两朝敷政泽洽九垠",这是吹捧慈禧太后的话,赞美她在同治、光绪两朝垂帘听政,为亿万年永固的大清江山出谋划策,品德超越千古,恩泽洒遍九州大地。

　　大殿两厢为"舒华布实"、"仁以山悦"两座五开间穿堂。乐寿堂后设有一进狭长的院落,院北为一座九开间的后照殿。正院左右还带有跨院，其西设有小花园"扬仁风"（图7-24）。这一带的院墙都采用江南常见的白粉墙，墙上开设了很多形状各异的漏窗，在宫殿建筑的贵气之外又表现出一定的淡雅风格。

乐寿堂寝殿的室内分隔和陈设非常复杂（图7-25～图7-29），南侧的窗户都镶嵌着精细的淡蓝色玻璃，下半截用高丽纸遮掩。中央设置了一面巨大的穿衣镜，一直高到屋梁的位置。室内用碧纱橱分隔成不同的部分。大殿的后部设有柚木制造的四扇屏风，上面镶满宝石，色彩非常绚丽。屏风前就是太后的宝座床，造型就像一个长炕，以方便太后随时休息。宝座两边有两把孔雀羽扇，插在景泰蓝架子上，旁边还有很多景泰蓝花瓶和瓷器，里面装着苹果、木瓜及佛手，加上殿内的许多花草，显得香气扑鼻。殿西侧有一间佛堂，中间供奉坐在莲花上的观音菩萨，前面设有供桌，放置花果供品，还放着一座终年香火不断的大铜鼎。东侧是慈禧的卧室（图7-32），墙上的大镜子上贴着"寿"字。卧室后有一个大房间，用作太监和宫女值班的场所。这座大殿足以满足慈禧平时接见、住宿、拜佛的各种需要。

（图7-22）水木自亲

（图7-23）乐寿堂

（图7-24）扬仁风

（图7-25）乐寿堂内景

（图7-26）乐寿堂内景

（图7-27）乐寿堂家具陈设

（图7-28）乐寿堂家具陈设

（图7-29）乐寿堂家具陈设

乐寿堂院子里的花卉和石头是全颐和园最漂亮的。大殿前面种着大棵的玉兰花、海棠、牡丹，还有紫藤、芍药、玉簪，从春到秋都呈现出一派繁花似锦、姹紫嫣红的景象。

院子中央有一块巨大的湖石，名叫"青芝岫"（图7-33）。这块石头大大有名，还有个外号叫"败家石"。原来明朝万历年间，北京有一位文人名叫米万钟，是当时第一流的书画家和诗人。这人非常喜欢园林，在北京城内城外一连建造了三座私家花园，又酷爱奇石，到处搜罗各种姿态特别的石头来装点自己的园子。他在北京远郊的房山发现一块大石头，长达三丈多，既雄伟又灵秀，于是就费尽办法要把这块石头运到自己西北郊的花园勺园中来。古代没有先进的运输设备，要运这种笨重家伙是很困难的，运费极其高昂，米万钟把家产都花光了也只运到良乡，最终只好放弃，"败家石"的传说也由此而来。到了乾隆时期这块石头居然还在，皇帝就下令把它直接运到清漪园来。皇家的实力毕竟远非一般文人可比，大石头很顺利地就矗立在乐寿堂前，乾隆帝还给它起了个雅致的名字叫"青芝岫"。光绪时期，慈禧住在乐寿堂的时候时时都面对着这块"败家石"，似乎也是对这位老太后的无言讽刺。

满清皇族溥雪斋先生在《晚清见闻琐记》一文中回忆了光绪三十年

（1904年）时慈禧太后在颐和园中一天的生活："每晨按时起床（宫中叫做'请驾'），起床后为梳洗时间，这时各处的供差太监等，皆鹄候着太后梳洗。梳洗完毕后，室内太监喊'打帘子'，专供开帘的'殿上太监'便应声将帘子打开。这时鹄立等候的太监等跪满殿内和庭中，同时高呼'老祖宗吉祥'，真是一呼百应，大有声震屋瓦之概。太后走出外屋，先批阅各处的奏折，看完即到仁寿殿传见臣工，当时叫做'起见'，又称为'叫军机'。接见之后回到乐寿堂住处'传膳'（吃饭），吃饭后照例要'进果盒'，即吃干鲜水果、点心之类。吃完果盒照例出去散步一次，经常好在长廊上漫步，由宫眷、太监、宫女等簇拥跟随，准备太后随时乘坐的小轿等也在后随行。散步后回寝宫歇午觉，睡醒有时到听鹂馆绘画消遣。……

（图7-30）慈禧太后绘《福寿延龄图》
（慈禧太后的书画技艺达到一定水平）

还有时一高兴,命把'咱们本家儿的叫来'(当时呼宫中太监戏班之语),于是太监便开始'髦儿排',即不上装的清唱。……观剧后'进晚膳',用饭毕还要摆上果桌、果盒等。太后这时不一定吃,身旁的宫眷等却要随着大吃一顿。晚饭后到仁寿殿写大字,如四尺的福寿字等。写完几幅之后,照例还有一顿夜宵(宫中叫做'灯果'),如酱肉、小肚、烧饼、粥之类。……非等太后入了'寝宫',宫中是不能静下来的。慈禧太后一天的生活概况就是这样。"可见,慈禧日常的生活主要以乐寿堂为中心,在一大堆人的伺候下过得很滋润(图7-30～图7-31)。

(图7-31)慈禧太后在乐寿堂前留影

（图7-32）乐寿堂慈禧太后卧室

大臣裕庚的女儿德龄曾经陪伴过慈禧两年多的时间,也在颐和园中住了很多日子,后来写了一本《清宫二年记》回忆当时的宫廷生活。她在回忆录中专门提道:"太后有一种脾气,就是不喜欢在固定的地方用膳,到什么地方就在什么地方用。"这其实也是清代皇帝、太后相沿成习的一贯作风,紫禁城和皇家园林中都没有固定的餐厅。慈禧太后多数在乐寿堂和看戏的颐乐殿用膳,同时也会根据游乐活动的进程把饭开在排云殿或园中其他景点,甚至轮船上。▲

(图7-33)乐寿堂前青芝岫

等级差异

太后、皇帝、皇后的寝宫分别显示出明显的等级差别，反映了各自在宫廷中的真实地位。

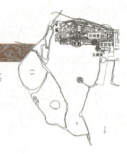

中国古代建筑有一个重要的特点，就是很讲究封建等级，特别是居住建筑，几乎是主人身份高低的直接体现。一组宫殿建筑的等级需要通过规模大小、大门和正殿的间数多少和屋顶形式以及彩画类型来决定。以此标准来考察，内寝区的乐寿堂、玉澜堂、宜云馆三组建

筑的等级差异是很明显的，比如从规模来看，乐寿堂院子很大，玉澜堂和宜芸馆明显要小得多；从大门来看，乐寿堂的入口叫"水木自亲"，是一座五间门殿，而玉澜堂大门为三间，宜芸馆的前门只是一间垂花门；再从正殿来看，乐寿堂有七间之多，屋顶是歇山，玉澜堂和宜芸馆都是五间，屋顶只是硬山，要比歇山低两级；最后再看彩画，乐寿堂用的是旋子彩画，等级也高于玉澜堂和宜芸馆所用的苏式彩画（图7-34）。综合来看，无疑乐寿堂的等级最高，玉澜堂次之，宜芸馆再次之。这三组建筑形象地代表着光绪时期太后、皇帝和皇后在宫廷中的实际地位。▲

（图7-34）颐和园帝后寝宫匾额与彩画比较

大小戏楼

德和园和听鹂馆是颐和园中一大一小两座戏楼，是慈禧太后最喜欢光临场所。

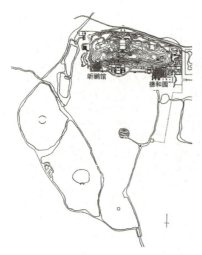

（图7-35）颐和园戏楼位置示意图

清代的皇室非常喜欢看戏，所以无论是紫禁城还是圆明园、避暑山庄等御苑，都专门建造了大型戏楼，以满足日常娱乐。乾隆时期的清漪园中也建了一个小戏园，名叫"听鹂馆"（图7-35），意思是"欣赏黄鹂般歌喉的地方"，位于万寿山的南麓偏西位置，传说当年乾隆帝曾经在此客串演过戏。这是一个四合院（图7-36～图7-39），光绪时期重建后把戏台设在南面，北面建了五间正房作为看戏殿，正好对着戏台。慈禧太后经常在这里看看小戏，有时候还即兴作画，很是悠闲自在。

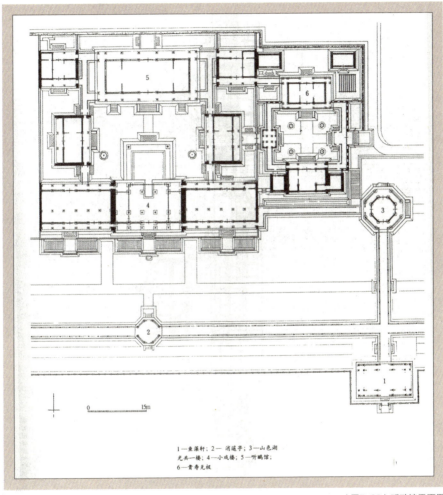

1—鱼藻轩；2—消遥亭；3—山色湖
光共一楼；4—小戏楼；5—听鹂馆；
6—贵寿无极

（图7-36）听鹂馆平面图

（图7-37）听鹂馆鸟瞰

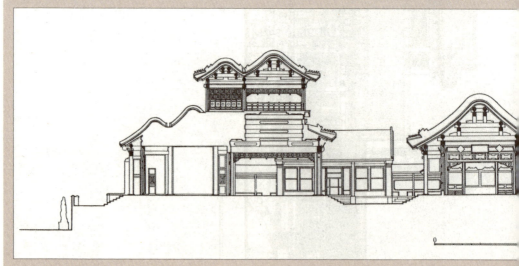

（图7-38）听鹂馆剖面图

(图7-39)听鹂馆院落景致

不过听鹂馆毕竟空间太小，无法表演《西游记》之类的大型神话剧。因此酷爱看热闹戏的慈禧早就下令在宫廷区的东北面原怡春堂的基址上扩建一座德和园大戏楼。这组新建筑包含四进院子（图7-40～图7-41），规模完全可以与紫禁城畅音阁、圆明园同乐园和避暑山庄清音阁这三大戏楼并驾齐驱而毫不逊色。位于核心位置的大戏楼共有三层，总高度达到22米，上、中、下各层分别叫福台、禄台、寿台，名称很吉祥（图7-42～图7-44）。每一层都挂了一块匾额，从下到上分别写着"欢胪荣曝"、"承平豫泰"、"庆演昌辰"（图4-45）。"欢胪"也经常写成"胪欢"，就是"歌舞欢腾"的意思，另外两块的含义是"体现太平盛世的春意"和"在繁荣的时刻表演"，都在鼓吹一片祥和安乐的气氛。

楼板中央设有天井（图7-46），当演出神话大戏的时候，演员扮的天兵天将可以从天而降，还可以通过机关布景喷水、喷火、洒雪花、制造特殊音响，体现逼真的特技效果，非常热闹。戏楼的背面设有两层的扮戏楼，演员在此化妆、准备、退场。

大戏楼正对面的颐乐殿是看戏殿（图7-47～图7-48），共有七间，台基比戏楼的底层台基要高出22厘米，这样可以保证三层戏台全部尽收眼底。太后的宝座就设在当中一间，颐乐殿的后面还有五间后照殿，皇室成员看戏看累了，可以过来更衣、休息。颐乐殿的东西两厢的廊子是王公大臣们陪同看戏的地方，位置明显差一些，不过也能看得很清楚。

德龄在《清宫二年记》中详细记载了有一次在德和园看戏的经历。当天演的第一出是《蟠桃会》，穿着黄袍和红袈裟的天使从天而降，戏台的中央和四角各有一座宝塔升起，从里面出来五位菩萨。随后台上又升起一朵巨大的莲花，观音菩萨坐在花上，旁边站着一对童男童女。接着王母娘娘出场，许多仙人陪侍，齐天大圣孙悟空最后登台，大闹酒宴。华丽的布景和壮观的场面让刚刚从国外回国的德龄十分惊叹。

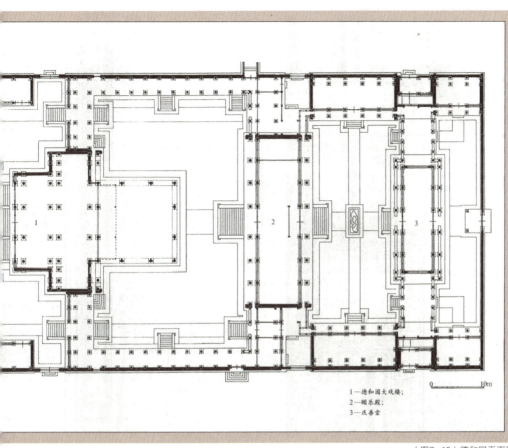

1—德和园大戏楼；
2—颐乐殿；
3—庆善堂

（图7-40）德和园平面图

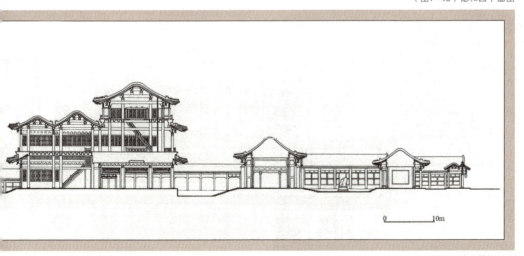

（图7-41）德和园大戏楼剖面图

(图7-42)德和园大戏楼南面

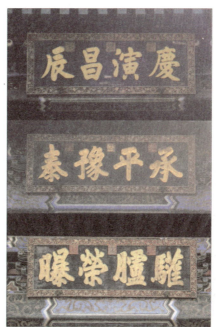

（图7-43）德和园大戏楼三层匾额

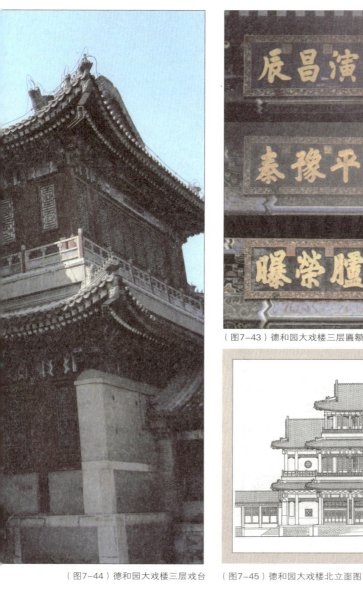

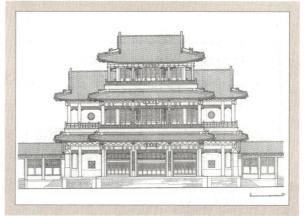

（图7-44）德和园大戏楼三层戏台　　（图7-45）德和园大戏楼北立面图

  清宫专门设有戏曲管理机构"升平署"，光绪时期每逢节日或者重要庆典都要在德和园开演连台大戏，以营造歌舞升平的世界，粉饰太平。当时最受慈禧喜爱的京剧演员有谭鑫培、杨小楼等人，他们高亢优美的嗓音似乎至今仍在德和园上空回响。

（图7-46）德和园大戏楼天花板

（图7-47）颐乐殿内景

（图7-48）颐乐殿

喜欢看戏的慈禧太后从未像乾隆帝那样亲自粉墨登场，不过显然她老人家的表演欲也是很强烈的。清末照相术刚刚传入中国，得到上层社会的青睐，慈禧对此更为热衷，留下了不少照片。其中有相当一部分都属于化妆照片，慈禧本人一般都扮作观音菩萨，一位得宠的庆王府四格格在旁边扮龙女，大太监李莲英还一本正经地捧着一柄杵扮作护法韦陀，周围放了很多盆的荷花作为布景，很像是戏台上出现的一幕，只是照片上皱纹累累的"观音"和目光呆滞的"韦陀"看上去实在有几分滑稽。（图7-49）▲

（图7-49）慈禧太后扮演观音照片（中央为慈禧，左为庆王府四格格，右为大太监李莲英）

捌 颐和园的名胜景区

重建后的颐和园依旧保留着当年清漪园的精华，堪称古代皇家园林的最后绝唱。排云殿怎样体现了太后的华丽排场？石舫为何模仿西式轮船？谐趣园在哪些地方借鉴了江南名园？且看本章分解。

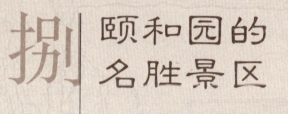

景福益寿

万寿山东侧山坡上重建了楼阁、殿堂，是慈禧太后赏景用膳的佳处。

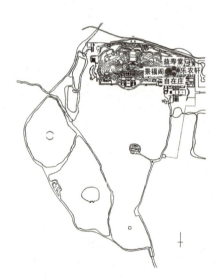

（图8-01）颐和园景福阁位置示意图

　　清漪园时期在万寿山山脊的最东端曾经修建过一座昙花阁。这是一座两层三重檐的高大建筑，在前山区域的十几座楼阁中地位仅次于佛香阁。咸丰十年（1860年）被英法联军烧毁，光绪年间重建时没有恢复原来的样式，而是改建了一座平面为"十"字形的单层建筑。建筑虽为单层，但位置较高，仍有楼阁的气势，因此定名为"景福楼"（图8-01～图8-02）。由于高度降低了很多，从点景的角度来看，景福楼的造型明显逊色于原来的昙花阁，登临远眺的效果也打了很大的折扣。不过此处位置十分优越，最宜向南观赏昆明湖、南湖岛和十七孔桥，在阴雨天里很有朦胧淡雅的境界，月明之际也更有爽净之气。当年慈禧太后经常在这里赏湖、赏雨、赏月，也多次在此传膳用餐。

景福阁东侧的山坡上还有三组小建筑，北为益寿堂院落，南为自在庄，东为乐农轩。其中益寿堂是大型的北方四合院式样，而自在庄和乐农轩则很像乡间的农舍酒肆，显示出一点山村情趣。慈禧太后当年也经常在此更衣、休息。

万寿山的前山山坡上除了楼阁之外，还复建了一些亭、轩建筑和小院落（图8-03～图8-05），规模不大，但都与山形、树木融为一体，成为出色的片段小景。▲

（图8-02）景福阁（名为"阁"，实际上是一座单层建筑）

（图8-03）观生意亭

（图8-04）益寿堂

(图8-05)写秋轩

金殿排云

乾隆时期的大报恩延寿寺被改建成华丽的排云殿，慈禧太后坐在大殿中央接受万寿朝贺。

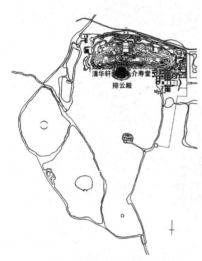

（图8-06）颐和园排云殿位置示意图

乾隆时期的万寿山中央修建过一座大报恩延寿寺，这片基址也是光绪时期重建工程的重点（图8-06）。位于佛寺北侧的主体佛香阁按照原样重建，劫后幸存的众香界牌坊、智慧海无梁殿以及转轮藏、宝云阁都得到保留和维修，而其余部分则由佛寺改成了一组新的宫殿建筑群（图8-07～图8-09）。

新建筑大多依旧沿用旧建筑的台基，但形制发生了彻底的变化。临昆明湖北岸的牌坊依旧矗立（图8-10），山门位置重建了一座宫门，改名排云门（图8-11～图8-12），门前广场也保持原样，另从畅春园废墟上移来十二块湖石，依次陈列，象征十二生肖，还从圆明园搬了一对铜狮放在大门口，显示出

（图8-07）颐和园排云殿佛香阁鸟瞰图

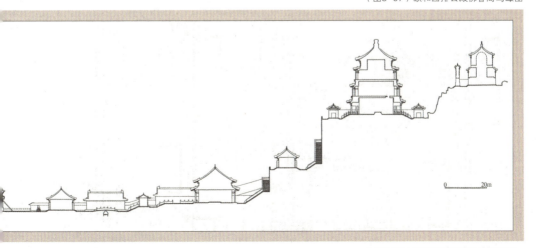

（图8-08）颐和园前山中轴线剖面图

（图8-09）前山建筑群鸟瞰

宫殿应有的庄严。

门内的殿堂仍然布置在一层一层渐次升高的台地上，第一进院子的东西两侧建了云锦、玉华两座配殿，地位相当于大殿外的朝房，院中央设一个长方形的水池，池上架设石桥；第二进院子的南侧设置了二宫门（图8-13），也参照了紫禁城和多数皇家园林宫廷区的常见模式，北侧中央原来大雄宝殿的位置上修建了一座排云殿，成为这组建筑的正殿所在。东西两侧的院子改动都比较大，东侧的慈福楼被改成介寿堂，西侧的罗汉堂改作清华轩，都很像普通的大型四合院，庭中种满花木，很有宁静的生活气息，失去了原有的佛教含义，可以作为临时寝宫使用。排云殿的后面在原来多宝殿的基础上建了一座德辉殿，相当于后照殿，作为整组宫殿结束。

（图8-10）排云门前牌坊

(图8-11)排云门

(图8-12)透过牌坊看排云门

排云殿本身是五间歇山殿宇（图8-14），正面比仁寿殿少两间，显得比较窄，但进深很大，屋顶采用重檐歇山，特别高大，更重要的是这组建筑和紫禁城宫殿一样，采用汉白玉台基和黄色琉璃瓦屋面（图8-15），与园中其他建筑清一色的灰瓦形成鲜明的对比，也进一步彰显出华贵的气度。殿名"排云"，典故出自晋朝郭璞的诗句"神仙排云出，但见金银台"，可见也有以玉台金殿象征仙境的意思。排云殿的室内分隔比较复杂，除了宝座之外，还带有寝宫陈设（图8-16）。整个建筑群每层台地之间用爬山游廊串联（图8-17），让游者产生逐渐登上云梯瑶台的感觉。

按照规划，排云殿是慈禧万寿盛典的核心场所，因此建筑的规格最为隆重，而湖岸上的长廊则成为前导的礼仪空间：在慈禧万寿盛典期间，皇帝和大臣必须排着长队，沿着这条长廊缓缓步行走到排云殿行礼，以体现对太后的无上尊重。根据《翁同龢日记》的记载，慈禧生日那天具体的情形是：大臣们从东宫门鱼贯而入，穿越长廊来到排云门外跪下，光绪帝跪在二宫门的门槛上，慈禧老佛爷则端坐在排云殿的宝座上。这组宫殿的空间完全和隆重的庆典仪式密切相关，具有显赫的气派和华丽的排场。

重建后的排云殿建筑群与佛香阁依然是万寿山的核心标志，从各个角度观赏，都能展现出壮美的画面（图8-18～图8-21）。▲

（图8-13）从石桥上看二宫门

（图8-14）排云殿

（图8-15）排云殿建筑群屋顶鸟瞰（黄色琉璃展现神仙境界的华丽）

（图8-16）排云殿内景

(图8-17)排云殿爬山游廊

（图8-18）重建后的佛香阁与德辉殿南立面图

（图8-19）从前院看佛香阁

（图8-20）从万寿山山脊看佛香阁背影

（图8-21）从昆明湖西岸看佛香阁

明湖滉漾

慈禧太后同样喜欢在昆明湖上泛舟，传统的龙舟和新式的轮船齐头并进，反映出新旧交错的时代特色。

辽阔的昆明湖依然是慈禧喜欢泛舟游览的地方，而且自从有了德国火轮之后，游湖变得更加快捷、安全、舒适。只是无论慈禧太后还是光绪皇帝都不会作诗，再也找不到当年乾隆帝那般吟风赏月的雅兴了。

古代诗人写诗赞美杭州西湖，经常强调西湖在春夏秋冬、朝午夕夜以及阴晴雨雪等不同的季节、不同的时刻、不同的气候条件下都能表现出不同的景色，正所谓"浓妆淡抹总相宜"，让人百看不厌。昆明湖的景致变化大可与西湖相比而毫不逊色，清晨霞光万丈，波光清澈；白天明湖滉漾，山色倒映；傍晚夕阳高照，湖面镀金；夜间碧波映月，上下辉映。至于阴天的淡雅、晴天的浓烈、雨天的朦胧、雪天的洁白，各种天气都能在湖上一览胜景。春天桃柳夹岸，夏天

（图8-22）昆明湖晨光

(图8-23)昆明湖暮色

浓荫照水，秋天红叶飘撒，冬天枯枝挂雪，每个季节都赋予昆明湖以独特的意境（图8-22～图8-27）。特别在冬季，属于江南气候的杭州西湖极少结冰，而北国的昆明湖则有很长的冰期，寒冬之时可在冰上行走或者乘坐一种特制的冰床，看辽阔的湖上如同水晶铺就的大镜子，此情此景非杭州西湖所能常见。

《翁同龢日记》曾经记载光绪二十二年（1896年）八月十八日为了庆祝中秋，宫廷组织了一次规模较大的游湖活动。当天晚上太后、皇帝与大臣们在德和园看完戏之后，就出来坐船，这次太后和皇帝选择乘坐传统的龙舟，御前王公和军机大臣坐翔云号轮船，其余品阶较低的官员都坐一种没有船篷的小船。这些船浩浩荡荡地开到湖心，先欣赏依旧盛开的万朵莲花，随后驶来一艘戏船，船上灯火通明，搭建了方形戏台，就在龙舟、轮

（图8-24）昆明湖雾色

船前面开始演戏,一剧告终,再放烟花炮竹助兴,场面热闹欢畅。

德龄的书中也描写了陪伴太后乘船游湖的场景。御舟船舱的窗户上挂着红色的帘子,舱内摆放了很多精雕细刻的檀木家具,还分隔出两个小房间分别用作更衣室和临时卧室。阳光下的湖面非常美丽,船缓缓行驶,漂浮穿越广阔的昆明湖,进入两岸垂柳依依的后溪河,然后在山脚的码头登岸。

慈禧很喜欢坐德国进口的火轮,但由于昆明湖西北部水比较浅,轮船驶到这里有时会搁浅,必须派太监用人力拖回深水区。这两艘轮船在园中就像洋务运动所提倡的"西学"在疲弱帝国的地位一样,欲振乏力,最终沦为表面的装点。▲

(图8-25)昆明湖雨色

（图8-26）昆明湖晴色

（图8-27）从昆明湖西南岸看西堤与万寿山

清晏石舫

颐和园的石舫模仿西洋轮船的造型,成为大清海军建设的最后遗物。

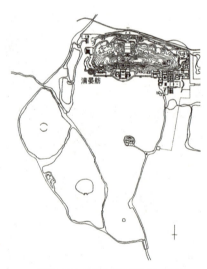

(图8-28) 颐和园清晏舫位置示意图

(图8-29) 清漪园石舫焚后残迹

江南地区号称水乡,河网密布,到处都有舟船往来,而且在一些水景名胜区如杭州西湖、扬州瘦西湖、南京秦淮河、嘉兴南湖等都有特制的画舫供游客泛舟游览。同时,江南园林中也经常临水建造一种模仿画舫的建筑,成为富有特色的景观建筑。乾隆帝六下江南,对这种固定的画舫建筑非常欣赏,回京后便在圆明园、北海、静明园等皇家园林中纷纷加以仿建,光是圆明三园中就建造了八处带有画舫形制的建筑。清漪园中也造了一座类似的石舫,这就是位于万寿山西南侧、昆明湖西北角的清晏舫(图8-28)。

清晏舫长达36米,比一般江南园林中的画舫要大很多,台基部分用石头砌得很像船身，上面又模仿船舱修建了木结构亭榭，形成一座很逼真的石船形象，停泊在湖边，足以引发人们对江南风光的联想。

咸丰十年（1860年）的劫难中，清晏舫的上部木构部分全部被烧毁，下部的石基座也遭到一定程度的破坏（图8-29）。光绪时期重修石舫，用石头在上面建了一座大型的西洋式楼房，还在下面的船舷上增加了轮子的形象，于是一座传统的石舫就被改成了新式的西洋轮船。石舫分两层，屋顶主要部分是平的，局部又凸出两段坡顶，稍微有些变化。建筑的柱子、栏杆都雕刻得很华丽，还装饰着玻璃镜子，洋味十足（图8-30～图8-31）。

当时的清廷正打着"富国强兵"的旗号大力建设海军，而颐和园的重建工程正是海军衙门的重要任务，在此石舫上表现出一点新意也体现了顺应潮流的象征意义。而且李鸿章又送来两艘真正的德国轮船在昆明湖上行驶，石舫的西式造型更有了直接的参照物。后来北洋水师全军覆没后，有人讽刺海军衙门苦心经营的所有的军备成果只剩下这座石舫还可供人凭吊。▲

（图8-30）颐和园清晏舫（模仿西式轮船的石舫装饰很精美）

(图8-31)颐和园清晏舫

小园谐趣

谐趣园是颐和园中写仿江南名园的经典实例,虽然经历了一些变化,依然带有无锡寄畅园的影子。

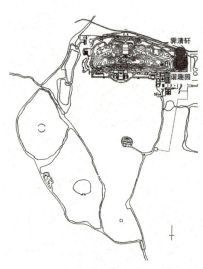

(图8-32)颐和园谐趣园位置示意图

皇家园林一般规模都很大,常常是普通私家园林面积的几十倍乃至几百倍,其中除了建造各种山水景致之外,还会专门设置一种园中园,就是在苑囿中划出一定的范围,大致按照一个私家花园的规模建一个相对独立的中小型花园,周围一般还用园墙围合起来,强调内敛的空间气氛。颐和园中有好几个园中园,例如赅春园、扬仁风等等,其中最著名的一座园中园无疑是谐趣园(图8-32)。

谐趣园位于万寿山东侧、后溪河的尽端,南距宫廷区不远,原名叫"惠山园",是模拟无锡寄畅园而建的小园。寄畅园位于江苏无锡城西的锡山和惠山之间,始建于明代,是江

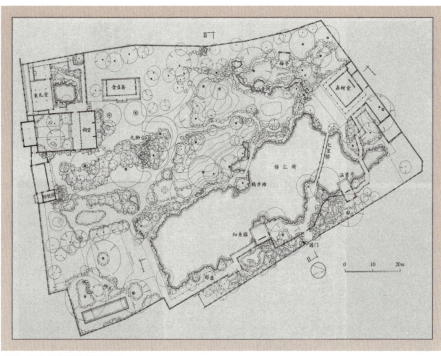

（图8-33）无锡寄畅园平面图

（图8-34）乾隆年间无锡寄畅园图景

（图8-35）无锡寄畅园风光

南最著名的私家园林之一，自明末以来一直属于秦氏家族所有，又称"秦园"（图8-33～图8-85）。这个花园主要在东侧开辟了一汪曲折的水池，池上有一座长桥，名叫"七星桥"，水边以长廊串联一些亭榭，其中有一个"知鱼槛"临于水上，水池西边用黄石与泥土相间，堆了一座大型假山，山势变化起伏，极有幽致，而且山首迎向锡山，尾部指向惠山，似乎成为两座真山之间的余脉。园东北面有一条运河与京杭大运河相通，园内则引

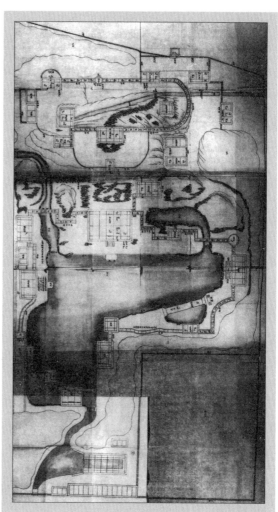

（图8-36）乾隆年间惠山园设计图样

入号称"天下第二泉"的惠泉水流，从山石之间倾注而下，形成水流潺潺的特殊效果，形成"八音涧"小景。寄畅园的山水处理极具匠心，明清以来广受推崇，名气很大，乾隆帝在南巡之前就闻名已久。

乾隆十六年（1751年）乾隆帝首次南巡时就在寄畅园中住过，还在此品尝过以惠泉之水泡制的惠山名茶。他对寄畅园的风景大加赞赏，当即就命令随行的宫廷画师把园景摹画成图，带回北京，随即就选择万寿山东麓仿建一座小园，并定名为"惠山园"，三年后方才落成（图8-36）。小园在嘉庆年间曾经做过扩建并改名"谐趣园"，咸丰十年（1860年）被严重破坏，光绪年间又重建完成，形成今天所见的面貌，可能与清漪园时期的惠山园有一定差异，但大体结构应该依旧保持下来了（图8-37～图8-40）。

谐趣园宫门朝西，在园南开辟水池，环绕水池修建曲廊，廊间穿插厅堂、水榭、亭子（图8-41～图8-48），园西侧边有一座瞩新楼，恰好位于一段坡崖的两侧，从园外西面看是单层建筑，从园内看则是两层小楼（图8-49～图8-50）。池岸水湾之间还架设了一座名叫"知鱼桥"的长桥（图8-51），桥北端建有石牌坊（图8-52），柱子上刻着乾隆帝的诗句。桥名"知鱼"，源自《庄子·秋水》中庄子与惠子关于是否能知鱼之乐的著名辩论，在此可以欣赏水池中的游鱼。池北有青石假山，是整个颐和园水平最高的叠石之一。

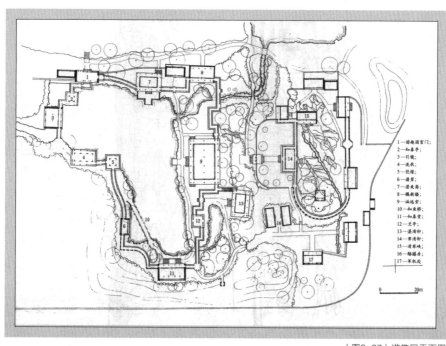

（图8-37）谐趣园平面图

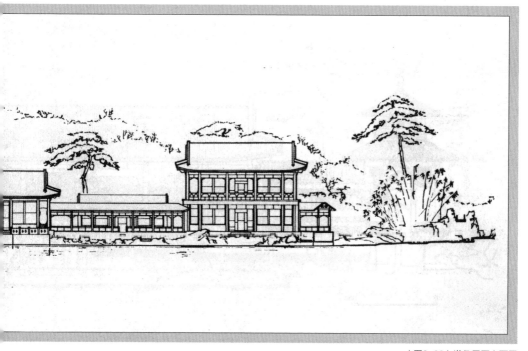

（图8-38）谐趣园西立面图

（图8-40）谐趣园鸟瞰

（图8-39）谐趣园总剖面图

今天我们拿谐趣园的平面与寄畅园进行比较，一开始可能很难发觉二者有多大的亲缘关系，但如果从选址、山水格局、堂榭位置、假山形态、水湾、长桥等各个方面仔细考察，还是可以明显认识到二者确实存在很多相似之处。

寄畅园的选址非常优越，谐趣园也特意选择了一处地形地貌与之相似的地段来经营。万寿山处于小园西侧，地位与寄畅园西侧的锡山相当，又从后河中引来一股活水汇注成池，也与寄畅园引惠泉的手段相近。由此可见二园的外部环境和借景效果基本如出一辙。

寄畅园山在西，水在东，山水并列而行；谐趣园山在北，水在南，也是山水并列的格局。寄畅园的假山主要采用黄石，谐趣园主要用青石，材料虽然不同，但都是以土带石，构成平冈山坡的造型，山间设有曲径，境界清幽（图8-53）。二园的水池面积基本一致，都比较曲折，而且都用桥或廊子对水面作进一步的划分，形成更多的层次（图8-54）。

（图8-41）谐趣园园门

（图8-42）谐趣园东南岸景色

(图8-43)谐趣园东北岸景色

（图8-44）谐趣园西岸澄爽斋

（图8-45）谐趣园游廊

（图8-46）洗秋榭中北望

（图8-48）谐趣园漏窗小景

（图8-47）谐趣园粉墙漏窗

（图8-49）瞩新楼西面

（图8-51）知鱼桥

（图8-50）瞩新楼东面

（图8-52）知鱼桥石牌

（图8-53）假山与寻诗径

（图8-54）柳条掩映下的水池

二园的主要建筑都围绕水池修筑，并从不同的角度朝向水池中心。寄畅园有嘉树堂，谐趣园有澄爽斋，二者都在前面延伸出临水平台，旁边都设有曲廊围合的小天井；谐趣园的饮绿亭和寄畅园的知鱼槛一样都凸在水面上；二园的廊子都非常曲折蜿蜒，体现了相同的趣味。所不同的是谐趣园中建筑密度比较大，尤其是嘉庆年间在水池北面增建了一座体量较大的涵远堂，使得园景稍微有些拥挤，不如寄畅园更疏朗开阔。

谐趣园引水在假山之间逐层跌落（图8-55），称"玉琴峡"，显然受到寄畅园"八音涧"的启发。寄畅园水池东岸有一块水滩形如半岛，伸入水中，构成水湾，并以七星桥串联对岸，谐趣园也有类似的水湾，其中的知鱼桥处于和七星桥相同的位置，二者的走向也差不多。

江南园林特别重视梅花，虽然北京早在元代就把梅花引进来了，可是梅花无法忍受北方地区冬季的严寒，不能直接种在室外的地上，始终只能采取用花盆栽种的方式精心培育，天冷就得藏到室内暖窖中。乾隆帝对此耿耿于怀，却也无法抗拒大自然的规律。当年他在惠山园的水边种了几株白色的山桃，初春之际盛开，略有江南白梅的风采，以此作为梅花的替代品，所以他在诗中说"山白桃花可换梅，依依临水数枝开"。

乾隆帝很喜欢惠山园，为小园题写了"惠山园八景"，分别是载时堂、墨妙轩、就云楼、澹碧斋、水乐亭、知鱼桥、寻诗径、涵光洞，现存的谐趣园有些改动，加强了轴线感，显得紧凑一些，但意境要比当年逊色不少。乾隆帝还喜欢在这里用来自玉泉山的"天下第一泉"烹茶，以此摹拟南巡时在寄畅园享用过的"天下第二泉"，其乐融融，不减江南风韵。

当年的清漪园以杭州西湖为蓝本，作为其中局部的惠山园又以另一座江南名园为摹拟对象，这两次模仿大有大的妙处，小有小的特色，既学到了对方的精髓，却又能扬长避短，不舍弃自己的优点，都是非常成功的园林创作范例。

（图8-55）谐趣园水口

  谐趣园的北侧还有一个叫霁清轩的小院（图8-56～图8-57），其婉约小巧的风格也接近江南园林。这里的地势比较高，向北可以俯瞰园外，当年乾隆帝经常在此凭栏而坐，近赏小园山水，远望田野村舍，写下了"凭轩遥纵目"这样的诗句。

慈禧太后和光绪皇帝从来没有到过江南，但对谐趣园和霁清轩仍然很有兴趣，慈禧还经常来这里闲坐并吃些点心，为此特意在附近增建了一座酪膳房。总体而言，重建后的谐趣园和霁清轩依然保持园中之园的别致特色，体现了江南园林的神韵，活泼自然，至今仍是颐和园最引人入胜的景点之一。▲

（图8-56）霁清轩景色

（图8-57）霁清轩方亭

结语

　　1949年之后，颐和园受到政府的高度重视，得到全面修缮，自此焕发新生，于1961年被公布为首批全国重点文物保护单位，1998年进一步被联合国教科文组织列入"世界文化遗产名录"，成为全球最著名的历史园林之一，其无与伦比的历史价值、艺术价值和文化价值不断得到发掘。世界文化遗产委员会对颐和园的评价是："其亭台、长廊、殿堂、庙宇和小桥等人工景观与自然山峦和开阔的湖面相互和谐、艺术地融为一体，堪称中国风景园林设计中的杰作。""颐和园是中国造园思想和实践的集中体现，而这种思想和实践对整个东方园林园林艺术文化形式的发展起了关键性的作用。以颐和园为代表的皇家园林，是世界几大文明之一的有力象征。"

　　回顾历史，从乾隆十五年（1750年）至今，颐和园的前世今生已经经历了二百五十多年的沧桑沉

（图结-01）世界文化遗产标志

（图结-02）佛香阁

浮。它本是大清帝国最鼎盛时期的产物，代表着清代造园艺术的最高水准，之后伴随着王朝的衰落而渐露颓象，终于遭到侵略者的无情摧毁；旧日的残迹又被晚清的残阳重新唤醒，重建为清代最后一座离宫御苑，目睹了王朝最后的挣扎、苦难和覆灭的全部过程。

今天，万寿山依旧巍峨，昆明湖依旧清澈，在华丽的楼台和茂盛的花木掩映之下，迎接世界各地的游客来此欣赏观光，让越来越多的人陶醉在这片自然与人工完美融合的绝世丽景之中。

参考书目

[清] 奕䜣 等编. 清六朝御制诗文集, 光绪二年刊本
[清] 翁同龢. 翁同龢日记. 北京：中华书局, 1997
赵尔巽等编. 清史稿. 上海：上海古籍出版社, 1986
中国第一历史档案馆编. 圆明园. 上海古籍出版社, 1991
德龄著. 顾秋心译. 慈禧御前女官德龄回忆录·清宫二年记. 哈尔滨：黑龙江人民出版社, 1988
[美] 卡尔著. 慈禧写照记. 陈震锐译. 上海：上海书店, 1997
中国政协全国委员会文史资料研究委员会编. 晚清宫廷生活见闻. 北京：文史资料出版社, 1982
清华大学建筑学院. 颐和园. 北京：中国建筑工业出版社, 2000
周维权. 中国古典园林史. 北京：清华大学出版社, 1999
刘阳编著. 三山五园旧影. 北京：学苑出版社, 2007

致　谢

　　本书在写作过程中得到清华大学建筑学院王贵祥先生和楼庆西先生的指导，并承华润集团王群先生、王向东先生提出宝贵意见，清华大学建筑学院建筑历史与文物建筑保护研究所提供了若干测绘图纸和文献资料，楼庆西先生同时还提供了大量精美的摄影作品，为本书增色很多，在此致以深深的谢意。

贾　珺

2008年9月于清华园

插图目录

编号	图名	来源
楔子	颐和园概貌	
0-01	颐和园现状分区平面图	贾珺绘制
0-02	颐和园宫廷区鸟瞰	楼庆西摄
0-03	颐和园前山景区鸟瞰	楼庆西摄
0-04	颐和园前湖景区鸟瞰	楼庆西摄
0-05	颐和园后山后河景区鸟瞰	楼庆西摄
上篇题图	颐和园剪影	楼庆西摄
第一章	清漪园的建造过程与历史背景	
1-01	乾隆帝画像	《故宫藏画精选》
1-02	乾隆帝汉装行乐图	《清代宫廷绘画》
1-03	乾隆帝清漪园西堤御制诗碑刻	贾珺摄
1-04	乾隆帝书画作品	《故宫藏画精选》
1-05	《畿都水利图》中的清漪园	清华大学建筑学院提供
1-06	乾隆时期北京西北郊皇家园林分布图	贾珺绘制
第二章	清漪园的整体山水架构	
2-01	杭州西湖风光	清华大学建筑学院提供
2-02	清代杭州西湖十景平面图	引自《江南理景艺术》
2-03	清漪园万寿山与昆明湖改造前后对比	清华大学建筑学院提供
2-04	清漪园西堤六桥位置示意图	贾珺绘制
2-05	杭州西湖苏堤春晓	引自《西湖志纂》
2-06	清漪园西堤风光	楼庆西摄
2-07	镜桥	楼庆西摄
2-08	练桥立面图	清华大学建筑学院提供
2-09	界湖桥（后改名柳桥）	贾珺摄
2-10	桑苎桥（后改名豳风桥）	楼庆西摄
2-11	柳桥（后改名界湖桥）	贾珺摄
2-12	玉带桥	楼庆西摄
2-13	杭州西湖与清漪园平面比较	《中国古典园林史》
2-14	清漪园的阴阳拓扑关系分析图	清华大学建筑学院提供
2-15	乾隆时清漪园总平面图	贾珺绘制

290

插图目录

2-16	前山建筑与山体关系分析图	清华大学建筑学院提供
第三章	清漪园宫廷区与前山建筑	
3-01	清漪园宫廷区位置示意图	贾珺绘制
3-02	清漪园宫廷区平面图	清华大学建筑学院提供
3-03	清漪园长廊位置示意图	贾珺绘制
3-04	弯曲的长廊	楼庆西摄
3-05	邀月门	楼庆西摄
3-06	留佳亭	楼庆西摄
3-07	寄澜亭	楼庆西摄
3-08	寄澜亭内装饰	楼庆西摄
3-09	从对鸥舫看昆明湖上岛屿	楼庆西摄
3-10	长廊的景框效果	楼庆西摄
3-11	昆明湖岸边的景观层次	楼庆西摄
3-12	长廊彩画	楼庆西摄
3-13	长廊彩画《白蛇传》	清华大学建筑学院提供
3-14	长廊彩画《鲁智深倒拔垂杨柳》	清华大学建筑学院提供
3-15	清漪园大报恩延寿寺位置示意图	贾珺绘制
3-16	清漪园大报恩延寿寺复原平面图	清华大学建筑学院提供
3-17	转轮藏院落	楼庆西摄
3-18	转轮藏立面图	清华大学建筑学院提供
3-19	宝云阁院落	楼庆西摄
3-20	冬日宝云阁	楼庆西摄
3-21	宝云阁	楼庆西摄
3-22	万寿山昆明湖石碑	楼庆西摄
3-23	河南嵩山《大唐嵩阳观纪圣德感应之颂碑》	贾珺摄
3-24	清漪园佛香阁位置示意图	贾珺绘制
3-25	佛香阁位于万寿山山腰处	楼庆西摄
3-26	湖水倒影佛香阁	楼庆西摄
3-27	佛香阁设计图样	清华大学建筑学院提供
3-28	佛香阁三维电脑模型	吴浩绘制
3-29	佛香阁底层千手观音铜像	贾珺摄
3-30	佛香阁屋檐翼角	贾珺摄
3-31	从山脚下看佛香阁	楼庆西摄

插图目录

3-32	佛香阁台地	楼庆西摄
3-33	清漪园文昌阁原状设计图样	清华大学建筑学院提供
3-34	清漪园昙花阁旧影	清华大学建筑学院提供
3-35	山色湖光共一楼	贾珺摄
3-36	湖山真意楼	楼庆西摄
3-37	众香界智慧海全景	楼庆西摄
3-38	众香界牌楼	贾珺摄
3-39	众香界牌楼细部	楼庆西摄
3-40	清漪园智慧海位置示意图	贾珺绘制
3-41	智慧海正面	楼庆西摄
3-42	智慧海侧面	贾珺摄
3-43	智慧海佛龛装饰	贾珺摄
3-44	清漪园画中游位置示意图	贾珺绘制
3-45	画中游楼阁正面	贾珺摄
3-46	画中游楼阁侧面	楼庆西摄
3-47	爱山楼	楼庆西摄
3-48	借秋楼	楼庆西摄
3-49	画中游建筑群立面图	清华大学建筑学院提供
3-50	画中游建筑柱子直接落在山石上	贾珺摄
3-51	画中游南望昆明湖岛屿	楼庆西摄
3-52	画中游西望玉泉山	贾珺摄
3-53	画中游近观山石小亭	楼庆西摄
3-54	画中游西南方向框景	贾珺摄
第四章	清漪园的前湖与后山后河风光	
4-01	碧波万顷的昆明湖	楼庆西摄
4-02	清漪园昆明湖岛屿位置示意图	贾珺绘制
4-03	南湖岛广润祠大门	贾珺摄
4-04	十七孔桥	楼庆西摄
4-05	十七孔桥石狮子正面	楼庆西摄
4-06	十七孔桥石狮子侧面	楼庆西摄
4-07	廓如亭	楼庆西摄
4-08	南湖岛侧影	楼庆西摄
4-09	南湖岛石栏杆	贾珺摄

插图目录

4-10	南湖岛东侧牌楼	楼庆西摄
4-11	南湖岛涵虚堂	楼庆西摄
4-12	从南湖岛望万寿山	楼庆西摄
4-13	治镜阁平面画样	清华大学建筑学院提供
4-14	治镜阁立面画样	清华大学建筑学院提供
4-15	《金明池夺标图》中的水心殿	清华大学建筑学院提供
4-16	《登瀛洲图》中的仙楼	《清代宫廷绘画》
4-17	从昆明湖南岸望知春亭小岛	楼庆西摄
4-18	知春亭北侧	楼庆西摄
4-19	知春亭东侧	楼庆西摄
4-20	知春亭西望	楼庆西摄
4-21	后溪河	楼庆西摄
4-22	后溪河宽阔处	楼庆西摄
4-23	后溪河狭窄处	楼庆西摄
4-24	绿荫掩映后溪河	贾珺摄
4-25	后山雾气	楼庆西摄
4-26	清漪园后山小景位置分布示意图	贾珺绘制
4-27	绮望轩复原鸟瞰图	清华大学建筑学院提供
4-28	构虚轩绘芳堂复原鸟瞰图	清华大学建筑学院提供
4-29	赅春园遗址	贾珺摄
4-30	赅春园味闲斋复原鸟瞰图	清华大学建筑学院提供
4-31	嘉荫轩复原鸟瞰图	清华大学建筑学院提供
4-32	云绘轩复原鸟瞰图	清华大学建筑学院提供
4-33	清漪园买卖街位置示意图	贾珺绘制
4-34	圆明园中的买卖街	法国国家图书馆藏
4-35	后溪河买卖街遗址	楼庆西摄
4-36	清漪园苏州街复原平面图	清华大学建筑学院提供
4-37	清漪园苏州街立面复原想象图	清华大学建筑学院提供
4-38	后溪河买卖街重建后的景象	贾珺摄
4-39	拍子式店铺	贾珺摄
4-40	普通悬山房店铺	贾珺摄
4-41	牌楼式店铺	贾珺摄
4-42	楼房式店铺	贾珺摄
4-43	后溪河上三孔桥	贾珺摄

插图目录

4-44	北宫门	楼庆西摄
4-45	清漪园须弥灵境位置示意图	贾珺绘制
4-46	清漪园须弥灵境复原平面图	清华大学建筑学院提供
4-47	清漪园须弥灵境复原剖面图	清华大学建筑学院提供
4-48	清漪园须弥灵境复原鸟瞰图	清华大学建筑学院提供
4-49	以弥灵境为中心的后山建筑群	清华大学建筑学院提供
4-50	须弥灵境入口牌坊	楼庆西摄
4-51	须弥灵境日殿	楼庆西摄
4-52	须弥灵境月殿	楼庆西摄
4-53	须弥灵境佛殿仰视	楼庆西摄
4-54	须弥灵境黑塔	楼庆西摄
4-55	须弥灵境白塔	楼庆西摄
4-56	须弥灵境绿塔	楼庆西摄
4-57	须弥灵境红塔	楼庆西摄
4-58	须弥灵境大红台	楼庆西摄
4-59	须弥灵境叠石	楼庆西摄
4-60	须弥灵境现状仰视	贾珺摄
4-61	须弥灵境现状鸟瞰	楼庆西摄
4-62	须弥灵境现状鸟瞰	楼庆西摄
4-63	居高临下的须弥灵境	楼庆西摄
4-64	清漪园花承阁位置示意图	贾珺绘制
4-65	花承阁复原鸟瞰图	清华大学建筑学院提供
4-66	花承阁牌坊	楼庆西摄
4-67	花承阁琉璃塔	楼庆西摄
第五章	清漪园的造园意境	
5-01	清漪园部分写仿景观位置分布示意图	贾珺绘制
5-02	无锡黄埠礅	清华大学建筑学院提供
5-03	元画《岳阳楼图》	清华大学建筑学院提供
5-04	宋画《黄鹤楼图》	清华大学建筑学院提供
5-05	清漪园小西泠	楼庆西摄
5-06	扬州四桥烟雨平面图	清华大学建筑学院提供
5-07	扬州四桥烟雨景象	清华大学建筑学院提供
5-08	邵窝设计图样	清华大学建筑学院提供

插图目录

5-09	杭州西湖蕉石鸣琴	引自《西湖旧影》
5-10	剔透玲珑的湖石假山	楼庆西摄
5-11	峥嵘的青石假山	贾珺摄
5-12	敦厚的黄石假山	楼庆西摄
5-13	后山黄石假山	楼庆西摄
5-14	山脚叠石	楼庆西摄
5-15	假山山洞	贾珺摄
5-16	假山夹道	楼庆西摄
5-17	从玉澜堂后院假山缝隙看佛香阁	楼庆西摄
5-18	玉澜堂后院的湖石假山全景	楼庆西摄
5-19	宜芸馆门前的湖石假山	楼庆西摄
5-20	后溪河两岸的叠石	楼庆西摄
5-21	清漪园城关分布位置示意图	贾珺绘制
5-22	赤城霞起城关	楼庆西摄
5-23	宿云檐城关	楼庆西摄
5-24	通云城关	楼庆西摄
5-25	寅辉城关西面	楼庆西摄
5-26	寅辉城关北面	楼庆西摄
5-27	千峰彩翠城关	楼庆西摄
5-28	清漪园文昌阁旧影	清华大学建筑学院提供
5-29	文昌阁现状	楼庆西摄
5-30	昆明湖东部荷花	楼庆西摄
5-31	昆明湖西部荷花	楼庆西摄
5-32	湖岸垂柳	贾珺摄
5-33	西岸桑树	贾珺摄
5-34	前山柏树剪影	楼庆西摄
5-35	夕阳下的后山松树	楼庆西摄
5-36	后山松枝花影	楼庆西摄
5-37	后山油松	楼庆西摄
5-38	后山丁香花径	楼庆西摄
5-39	庭院中的白皮松	楼庆西摄
5-40	须弥灵境白皮松	楼庆西摄
5-41	春花烂漫	楼庆西摄
5-42	夏日浓荫翠荷	贾珺摄

插图目录

5-43	初秋景色	楼庆西摄
5-44	深秋景色	楼庆西摄
5-45	冬季前山雪映松柏	楼庆西摄
5-46	竹子	楼庆西摄
5-47	乐寿堂侧院紫藤	楼庆西摄
5-48	邀月门前玉兰花	楼庆西摄
5-49	乐寿堂前海棠花	楼庆西摄
5-50	庭院树木	楼庆西摄
5-51	昆明湖北岸望玉泉山	楼庆西摄
5-52	昆明湖东岸望玉泉山	楼庆西摄
5-53	昆明湖南岸望玉泉山	楼庆西摄
5-54	南湖岛望玉泉山	楼庆西摄
5-55	后山望玉泉山	楼庆西摄
5-56	从万寿山望东南方向	楼庆西摄
5-57	耕织图	引自《清殿版画汇刊》
5-58	耕织图	引自《清殿版画汇刊》
5-59	耕织图	引自《清殿版画汇刊》
5-60	耕织图	引自《清殿版画汇刊》
5-61	昆明湖东岸铜牛	楼庆西摄
5-62	清漪园水陆游线示意图	清华大学建筑学院提供
5-63	荇桥	楼庆西摄
5-64	绣漪桥	楼庆西摄
第六章	颐和园重建过程与历史背景	
6-01	咸丰十年（1860年）清漪园焚后残迹	清华大学建筑学院提供
6-02	慈禧太后像	引自《故宫珍藏人物照片荟萃》
6-03	海军衙门官员	引自《京华遗韵：西方版画中的明清老北京》
6-04	光绪时期颐和园平面图	清华大学建筑学院提供
6-05	样式雷平面设计图样	清华大学建筑学院提供
6-06	福荫轩书页式平面	清华大学建筑学院提供
6-07	光绪时期昙花阁重建设计图样	清华大学建筑学院提供
6-08	光绪皇帝画像	清华大学建筑学院提供
6-09	光绪二十六年（1900年）八国联军占领期间的颐和园	引自《帝京旧影》

插图目录

第七章		颐和园的帝后生活空间
7-01	颐和园宫廷区平面图	清华大学建筑学院提供
7-02	颐和园东宫门	楼庆西摄
7-03	东宫门上的版门	楼庆西摄
7-04	东宫门前铜狮子	楼庆西摄
7-05	仁寿门	楼庆西摄
7-06	颐和园仁寿殿位置示意图	贾珺绘制
7-07	仁寿殿	楼庆西摄
7-08	仁寿殿明间大门	贾珺摄
7-09	仁寿殿室内	楼庆西摄
7-10	仁寿殿屋顶天花	楼庆西摄
7-11	仁寿殿前院落中的湖石陈设	楼庆西摄
7-12	德国亨利亲王乘轿前往颐和园	引自《京华遗韵：西方版画中的明清老北京》
7-13	慈禧太后在颐和园接见外国公使夫人	引自《故宫珍藏人物照片荟萃》
7-14	颐和园内寝区位置示意图	楼庆西摄
7-15	玉澜堂	楼庆西摄
7-16	霞芬室室内陈设	清华大学建筑学院提供
7-17	夕佳楼与藕香榭	贾珺摄
7-18	光绪帝照片	清华大学建筑学院提供
7-19	宜芸馆	楼庆西摄
7-20	隆裕皇后照片	引自《故宫珍藏人物照片荟萃》
7-21	瑾妃照片	引自《故宫珍藏人物照片荟萃》
7-22	水木自亲	楼庆西摄
7-23	乐寿堂	楼庆西摄
7-24	扬仁风	楼庆西摄
7-25	乐寿堂内景	楼庆西摄
7-26	乐寿堂内景	楼庆西摄
7-27	乐寿堂家具陈设	楼庆西摄
7-28	乐寿堂家具陈设	楼庆西摄
7-29	乐寿堂家具陈设	楼庆西摄
7-30	慈禧太后绘《福寿延龄图》	贾珺摄

插图目录

7-31	慈禧太后在乐寿堂前留影	引自《故宫珍藏人物照片荟萃》
7-32	乐寿堂慈禧太后卧室	楼庆西摄
7-33	乐寿堂前青芝岫	楼庆西摄
7-34	颐和园帝后寝宫匾额与彩画比较	贾珺摄
7-35	颐和园戏楼位置示意图	贾珺绘制
7-36	听鹂馆平面图	清华大学建筑学院提供
7-37	听鹂馆鸟瞰	贾珺摄
7-38	听鹂馆剖面图	清华大学建筑学院提供
7-39	听鹂馆院落景致	楼庆西摄
7-40	德和园平面图	清华大学建筑学院提供
7-41	德和园大戏楼剖面图	清华大学建筑学院提供
7-42	德和园大戏楼南面	清华大学建筑学院提供
7-43	德和园大戏楼三层匾额	贾珺摄
7-44	德和园大戏楼三层戏台	楼庆西摄
7-45	德和园大戏楼北立面图	贾珺摄
7-46	德和园大戏楼天花板	贾珺摄
7-47	颐乐殿内景	贾珺摄
7-48	颐乐殿	楼庆西摄
7-49	慈禧太后扮演观音照片	引自《故宫珍藏人物照片荟萃》
第八章		颐和园的名胜景区
8-01	颐和园景福阁位置示意图	贾珺绘制
8-02	景福阁	楼庆西摄
8-03	观生意亭	楼庆西摄
8-04	益寿堂	楼庆西摄
8-05	写秋轩	楼庆西摄
8-06	颐和园排云殿位置示意图	贾珺绘制
8-07	颐和园排云殿佛香阁鸟瞰图	清华大学建筑学院提供
8-08	颐和园前山中轴线剖面图	清华大学建筑学院提供
8-09	前山建筑群鸟瞰	楼庆西摄
8-10	排云门前牌坊	楼庆西摄
8-11	排云门	楼庆西摄
8-12	透过牌坊看排云门	贾珺摄
8-13	从石桥上看二宫门	楼庆西摄

插图目录

8-14	排云殿	楼庆西摄
8-15	排云殿建筑群屋顶鸟瞰	贾珺摄
8-16	排云殿内景	楼庆西摄
8-17	排云殿爬山游廊	贾珺摄
8-18	重建后的佛香阁与德辉殿南立面图	清华大学建筑学院提供
8-19	从前院看佛香阁	贾珺摄
8-20	从万寿山山脊看佛香阁背影	贾珺摄
8-21	从昆明湖西岸看佛香阁	贾珺摄
8-22	昆明湖晨光	楼庆西摄
8-23	昆明湖暮色	楼庆西摄
8-24	昆明湖雾色	楼庆西摄
8-25	昆明湖雨色	楼庆西摄
8-26	昆明湖晴色	楼庆西摄
8-27	从昆明湖西南岸看西堤与万寿山	楼庆西摄
8-28	颐和园清晏舫位置示意图	贾珺绘制
8-29	清漪园石舫焚后残迹	清华大学建筑学院提供
8-30	颐和园清晏舫	清华大学建筑学院提供
8-31	颐和园清晏舫	贾珺摄
8-32	颐和园谐趣园位置示意图	贾珺绘制
8-33	无锡寄畅园平面图	引自《江南理景艺术》
8-34	乾隆年间无锡寄畅园图景	引自《南巡盛典》
8-35	无锡寄畅园风光	清华大学建筑学院提供
8-36	乾隆年间惠山园设计图样	清华大学建筑学院提供
8-37	谐趣园平面图	清华大学建筑学院提供
8-38	谐趣园西立面图	清华大学建筑学院提供
8-39	谐趣园总剖面图	清华大学建筑学院提供
8-40	谐趣园鸟瞰	楼庆西摄
8-41	谐趣园园门	贾珺摄
8-42	谐趣园东南岸景色	楼庆西摄
8-43	谐趣园东北岸景色	楼庆西摄
8-44	谐趣园西岸澄爽斋	楼庆西摄
8-45	谐趣园游廊	楼庆西摄
8-46	洗秋榭中北望	楼庆西摄
8-47	谐趣园粉墙漏窗	楼庆西摄

插图目录

8-48	谐趣园漏窗小景	楼庆西摄
8-49	瞩新楼西面	贾珺摄
8-50	瞩新楼东面	楼庆西摄
8-51	知鱼桥	楼庆西摄
8-52	知鱼桥石牌坊	楼庆西摄
8-53	假山与寻诗径	楼庆西摄
8-54	柳条掩映下的水池	楼庆西摄
8-55	谐趣园水口	贾珺摄
8-56	霁清轩景色	楼庆西摄
8-57	霁清轩方亭	楼庆西摄
结语		
结-01	世界文化遗产标志	贾珺摄
结-02	佛香阁	楼庆西摄